DR. OETKER

DIE BESTEN REZEPTE DER LANDFRAUEN

BACKEN & KOCHEN

DR. OETKER

DIE BESTEN

REZEPTE
DER LANDFRAUEN

BACKEN & KOCHEN

Dr. Oetker Verlag

Vorwort

Mit „Landfrauen kochen und backen" haben wir die besten Rezepte der bisher bei uns erschienenen Landfrauenbücher zusammengefasst.

Wir haben traditionelle Familienrezepte, die seit Jahrzehnten von Generation zu Generation weitergegeben werden und neue, pfiffige Kreationen, die oft ganz nebenbei entstehen für Sie ausprobiert und so beschrieben, dass sie garantiert gelingen.

Ob Schlemmereien aus dem Ofen, leckere Süppchen, herzhafte Fleischgerichte, raffinierte Rezepte mit Fisch, tolle Salate, traumhafte Desserts, festliche Torten oder Kuchen – es ist für jeden Geschmack und für jeden Anlass etwas dabei.

Abkürzungen

EL	= Esslöffel
TL	= Teelöffel
Msp.	= Messerspitze
Pck.	= Packung/Päckchen
g	= Gramm
kg	= Kilogramm
ml	= Milliliter
l	= Liter
Min.	= Minuten
Std.	= Stunden
evtl.	= eventuell
geh.	= gehäuft
gestr.	= gestrichen
TK	= Tiefkühlprodukt
°C	= Grad Celsius
Ø	= Durchmesser
E	= Eiweiß
F	= Fett
Kh	= Kohlenhydrate
kcal	= Kilokalorien
kJ	= Kilojoule

Hinweise zu den Rezepten

Die Kochrezepte sind – wenn nicht anders angegeben – für 4 Personen berechnet. Lesen Sie vor der Zubereitung das Rezept einmal vollständig durch. Oft werden Arbeitsabläufe oder -zusammenhänge dann klarer. Die in den Rezepten angegebenen Backtemperaturen und -zeiten sind Richtwerte, die je nach individueller Hitzeleistung des Backofens bzw. Material der verwendeten Formen über- oder unterschritten werden können. Beachten Sie bei Gasherden die Gebrauchsanweisung des Herstellers. Bei den Gebäcken machen Sie bitte nach Beendigung der Backzeit eine Garprobe. Die Zutaten sollten möglichst dieselbe Temperatur haben, nehmen Sie also z. B. Eier und Butter oder Margarine einige Zeit vor Verwendung aus dem Kühlschrank.

Zubereitungszeiten

Die Zubereitungszeit ist ein Anhaltswert für die Dauer für Vor- und Zubereitung der Gebäcke. Backzeiten (gesondert ausgewiesen) und Wartezeiten wie Kühl- und Teiggehzeiten sind nicht einbezogen.

Kapitelübersicht

Alles aus einem Topf

Fleisch- & Fischspezialitäten

Fix fertig

Aus dem Ofen

Kapitelübersicht

Aus der Salatschüssel

Der süße Abschluss

Festliche Torten

Für die Kaffeerunde

Diese leckeren Suppen und Eintöpfe löffelt jeder gerne aus.

Alles aus einem Topf

Zucchini-Kartoffel-Suppe

4–6 Portionen
Zubereitungszeit: 35 Min.

Pro Portion:
E: 4 g, F: 10 g, Kh: 10 g,
kJ: 615, kcal: 147

- **600 g Zucchini**
- **200 g fest kochende Kartoffeln**
- **1 mittelgroße Zwiebel**
- **2 EL Speiseöl**
- **Currypulver**
- **Salz, Pfeffer**
- **750 ml (¾ l) Gemüsebrühe**
- **2 EL Pinienkerne**
- **1 Bund Dill**
- **4–6 TL Crème fraîche**

1 Zucchini waschen, abtrocknen, die Enden abschneiden. Die grüne Schale von einer Zucchini grob abraspeln und beiseite stellen, alle Zucchini in grobe Würfel schneiden. Kartoffeln waschen, schälen, abspülen und in Würfel schneiden. Zwiebel abziehen und würfeln.

2 Öl in einem Topf erhitzen und die Zucchini-, Kartoffel- und Zwiebelwürfel darin andünsten. Dann mit Curry, Salz und Pfeffer bestreuen, mit Brühe auffüllen und 15–20 Minuten kochen lassen.

3 Pinienkerne in einer Pfanne ohne Fett etwas anbräunen und abkühlen lassen. Dill abspülen, trockentupfen und klein schneiden.

4 Die Suppe pürieren, Zucchiniraspel (nach Belieben einige zum Garnieren zurücklassen) und Dill unterrühren und mit den Gewürzen abschmecken.

5 Die Suppe auf Tellern verteilen, je einen Teelöffel Crème fraîche auf jeden Teller geben und die Suppe mit Pinienkernen und den zurückgelassenen Zucchiniraspeln bestreuen.

Stielmuseintopf (Streifrüben)

Foto
Zubereitungszeit: 80 Min.

Pro Portion:
E: 34 g, F: 28 g, Kh: 23 g,
kJ: 2164, kcal: 517

- 600 g Schweinenacken
  (ohne Knochen)
- 750 g Stielmus
- 500 g Kartoffeln
- 40 g Butter oder Margarine
- Salz
- frisch gemahlener Pfeffer
- 250 ml (¼ l) Wasser

1 Schweinefleisch unter fließendem kalten Wasser abspülen, trockentupfen und in kleine Würfel schneiden.

2 Stielmus putzen, die welken Blätter entfernen, Stielmus waschen und klein schneiden. Kartoffeln waschen, schälen, abspülen und würfeln.

3 Butter oder Margarine in einem Topf zerlassen. Die Fleischwürfel darin schwach bräunen und mit Salz und Pfeffer würzen.

4 Stielmus und Kartoffeln zu dem Fleisch geben, Wasser hinzufügen, alles zum Kochen bringen und etwa 50 Minuten schmoren lassen. Den Eintopf mit den Gewürzen abschmecken.

Schlesische Kartoffelsuppe

Zubereitungszeit: 50 Min.

Pro Portion:
E: 17 g, F: 44 g, Kh: 22 g,
kJ: 2389, kcal: 570

- 1 Zwiebel
- 75 g durchwachsener Speck
- ½ Knollensellerie
  (etwa 600 g)
- 500 g Kartoffeln
- 1 Stange Porree (Lauch)
- 2–3 EL Speiseöl
- 1 l Gemüsebrühe
- 2 Paar Knoblauchwürste
- 2–3 Gewürzgurken
- Salz
- frisch gemahlener Pfeffer

1 Zwiebel abziehen und würfeln. Speck ebenfalls in Würfel schneiden. Sellerie putzen, schälen und waschen. Kartoffeln waschen, schälen und abspülen. Sellerie und Kartoffeln würfeln. Porree putzen, gründlich waschen und in Ringe schneiden.

2 Öl in einem Topf erhitzen. Zwiebel- und Speckwürfel darin andünsten. Das vorbereitete Gemüse zu der Speck-Zwiebel-Masse geben und mitdünsten lassen.

3 Gemüsebrühe hinzugießen, alles zum Kochen bringen und in etwa 30 Minuten gar kochen lassen.

4 In der Zwischenzeit Knoblauchwürste und Gewürzgurken in Scheiben schneiden, kurz vor Beendigung der Garzeit in die Suppe geben und miterhitzen. Die Suppe mit Salz und Pfeffer würzen.

Tipp

Schneller geht's, wenn Sie anstelle von Knollensellerie und Porree ein Päckchen (300 g) TK-Suppengemüse verwenden.

Forellencremesuppe

Foto
Zubereitungszeit: 15 Min.

Pro Portion:
E: 16 g, F: 46 g, Kh: 10 g,
kJ: 2308, kcal: 552

- 50 g Butter
- 25 g Weizenmehl
- 500 ml (½ l) Hühner-
  oder Gemüsebrühe
- 300 g geräucherte
  Forellenfilets
- 200 ml Schlagsahne
- 4 EL Weißwein
- 1 EL Worcestersauce
- Salz
- frisch gemahlener Pfeffer
- Zitronensaft
- etwas gehackte Petersilie

1 Butter in einem Topf zerlassen. Mehl unter Rühren so lange darin erhitzen, bis es hellgelb ist. Brühe hinzugießen und mit einem Schneebesen durchschlagen, dabei darauf achten, dass keine Klümpchen entstehen. Zum Kochen bringen und etwa 3 Minuten kochen lassen.

2 Forellenfilets in kleine Stücke schneiden und in die Suppe geben. Sahne, Weißwein und Worcestersauce hinzufügen. Die Suppe mit Salz, Pfeffer und Zitronensaft abschmecken.

3 Die Suppe einmal aufkochen lassen und mit Petersilie bestreut servieren.

Feine Erbsenrahmsuppe

Zubereitungszeit: 30 Min.

Pro Portion:
E: 7 g, F: 21 g, Kh: 19 g,
kJ: 1278, kcal: 305

- 1 mittelgroße Kartoffel
- 50 g Butter
- 450 g TK-Erbsen
- Salz
- frisch gemahlener Pfeffer
- 750 ml (¾ l) Hühner-
  oder Gemüsebrühe
- 125 ml (⅛ l) Schlagsahne

1 Die Kartoffel waschen, schälen, abspülen und in Würfel schneiden. Butter in einem Topf zerlassen. Kartoffelwürfel und Erbsen darin andünsten.

2 Mit Salz und Pfeffer würzen. Brühe hinzufügen, alles zum Kochen bringen und etwa 20 Minuten kochen lassen.

3 Die Suppe pürieren und nach Belieben durch ein Sieb streichen. Sahne unterrühren und die Suppe einmal aufkochen lassen.

4 Die Suppe vor dem Servieren evtl. nochmals mit Salz und Pfeffer abschmecken.

Tipp

Sie können diese einfache Suppe durch verschiedene Einlagen wie z. B. Shrimps, Räucherlachsstreifen oder in Butter gebräunte Toastbrotwürfel schnell variieren.

Hähnchensuppe mit Knoblauchcroûtons

Zubereitungszeit: 65 Min.

Pro Portion:
E: 39 g, F: 30 g, Kh: 25 g,
kJ: 2369, kcal: 566

Für die Suppe:
- 🟥 **1 Hähnchenbrustfilet (300 g)**
- 🟥 **2 Hähnchenkeulen (je 150 g)**
- 🟥 **750 ml (¾ l) Salzwasser**
- 🟥 **1 Bund Suppengrün**
- 🟥 **2 Zwiebeln**
- 🟥 **2 EL Speiseöl**
- 🟥 **20 g Weizenmehl**
- 🟥 **100 ml Weißwein**
- 🟥 **125 ml (⅛ l) Schlagsahne**
- 🟥 **1 Bund Kerbel**
- 🟥 **Salz**
- 🟥 **frisch gemahlener Pfeffer**
- 🟥 **geriebene Muskatnuss**
- 🟥 **1 Prise Zucker**

Für die Knoblauchcroûtons:
- 🟥 **4 Scheiben Toastbrot**
- 🟥 **50 g Butter**
- 🟥 **2 Knoblauchzehen**

1 Für die Suppe Hähnchenbrustfilet und -keulen unter fließendem kalten Wasser abspülen, in Salzwasser zum Kochen bringen und abschäumen.

2 Suppengrün putzen, waschen, klein schneiden, mit in die Brühe geben und alles bei schwacher Hitze kochen lassen. Nach etwa 20 Minuten Kochzeit das Filet herausnehmen und alles noch etwa 15 Minuten weiterkochen.

3 Nach Beendigung der Kochzeit alles durch ein Sieb geben. Dabei die Brühe auffangen und mit Wasser wieder auf 750 ml (¾ l) auffüllen. Die Keulen etwas abkühlen lassen, dann das Fleisch von den Knochen lösen. Filet und Keulenfleisch in kleine Stücke schneiden.

4 Zwiebeln abziehen und in kleine Würfel schneiden. Öl in einem Topf erhitzen und die Zwiebelwürfel darin andünsten. Mehl hinzufügen und unter Rühren so lange erhitzen, bis es hellgelb ist.

5 Die abgemessene Brühe hinzugeben und alles unter Rühren aufkochen lassen. Weißwein unterrühren und etwa 5 Minuten kochen lassen. Sahne unterrühren und Fleischstücke unterheben.

6 Kerbel abspülen, trockentupfen, die Blättchen von den Stängeln zupfen, grob hacken und hinzufügen. Die Suppe mit Salz, Pfeffer, Muskat und Zucker abschmecken.

7 Für die Knoblauchcroûtons Toastbrot in Würfel schneiden. Butter zerlassen und die Brotwürfel darin anbräunen. Zum Schluss Knoblauch abziehen, durch die Presse drücken und unterrühren. Die Knoblauchcroûtons zu der Suppe servieren.

Chinakohleintopf

Foto
Zubereitungszeit: 45 Min.

Pro Portion:
E: 29 g, F: 39 g, Kh: 19 g,
kJ: 2425, kcal: 579

- ◼ **750 g Chinakohl**
- ◼ **2–3 Zwiebeln**
- ◼ **250 g Tomaten**
- ◼ **375 g Kartoffeln**
- ◼ **40 g Butter oder Margarine**
- ◼ **500 g Gehacktes**
  (halb Rind-, halb Schweine-
  fleisch)
- ◼ **Salz**
- ◼ **frisch gemahlener Pfeffer**
- ◼ **500 ml (½ l) Gemüsebrühe**
- ◼ **2 EL Tomatenmark**
- ◼ **2 EL Schnittlauchröllchen**

1 Chinakohl putzen, den Kopf halbieren, den Strunk herausschneiden, den Kohl vierteln, in schmale Streifen schneiden, waschen und abtropfen lassen. Zwiebeln abziehen und fein würfeln.

2 Tomaten waschen, abtropfen lassen, kreuzweise einschneiden, kurz in kochendes Wasser legen und in kaltem Wasser abschrecken. Tomaten enthäuten, die Stängelansätze entfernen, Tomaten entkernen und in Stücke schneiden. Kartoffeln waschen, schälen, abspülen und in Würfel schneiden.

3 Butter oder Margarine in einem Topf zerlassen. Die Zwiebelwürfel darin goldgelb dünsten. Gehacktes hinzufügen und anbraten, dabei die Fleischklümpchen mit einer Gabel etwas zerdrücken. Mit Salz und Pfeffer würzen.

4 Kartoffelwürfel und Gemüsebrühe dazugeben und alles etwa 10 Minuten schmoren lassen. Dann die Chinakohlstreifen hinzufügen und alles weitere 15–20 Minuten garen.

5 Tomatenstücke und -mark unterrühren, den Eintopf nochmals erhitzen und mit den Gewürzen abschmecken. Den Eintopf vor dem Servieren mit Schnittlauchröllchen bestreuen.

Tipp

Anstelle von gemischtem Hackfleisch können Sie auch Thüringer Mett (gewürztes Schweinegehacktes) verwenden. Dann etwas weniger salzen und pfeffern

Linseneintopf mit Speck

Zubereitungszeit: 30 Min.

Pro Portion:
E: 38 g, F: 44 g, Kh: 68 g,
kJ: 3603, kcal: 861

- ◼ **1 Zwiebel**
- ◼ **125 g durchwachsener Speck**
- ◼ **2–3 EL Speiseöl**
- ◼ **1 EL Currypulver**
- ◼ **500 g Kartoffeln**
- ◼ **500 ml (½ l) Fleischbrühe**

- ◼ **1 Dose Linsen mit Suppengrün (800 g)**
- ◼ **2 Pck. (je 50 g) TK-Suppengrün**
- ◼ **1 Apfel**
- ◼ **4 Wiener Würstchen**
- ◼ **evtl. gehackte Petersilie**

1 Zwiebel abziehen und fein würfeln. Speck ebenfalls in feine Würfel schneiden. Öl in einem Topf erhitzen.

Zwiebel- und Speckwürfel darin andünsten. Curry darüber stäuben und kurz mitdünsten.

2 Kartoffeln waschen, schälen, abspülen, in Würfel schneiden und mit der Fleischbrühe hinzufügen. Alles zum Kochen bringen und etwa 15 Minuten bei mittlerer Hitze kochen lassen.

(Fortsetzung Seite 18)

3 Linsen mit Flüssigkeit und das Suppengrün hinzufügen und alles wieder zum Kochen bringen.

4 Apfel schälen, vierteln, entkernen, in kleine Stücke schneiden, mit den Wiener Würstchen in den Eintopf geben

und etwa 5 Minuten mitgaren lassen. Nach Belieben mit Petersilie bestreuen.

Geschichteter Pichelsteiner

4–6 Portionen
Zubereitungszeit: 2 Std.

Pro Portion:
E: 33 g, F: 40 g, Kh: 29 g,
kJ: 2689, kcal: 643

- **500 g Wirsing**
- **500 g Möhren**
- **500 g Kartoffeln**
- **1 große Stange Porree (Lauch)**
- **1 Gemüsezwiebel**
- **500 g Gulasch (halb Rind-, halb Schweinefleisch)**
- **Salz**
- **frisch gemahlener Pfeffer**
- **gemahlener Kümmel**
- **2 Lorbeerblätter**
- **1 l Fleisch- oder Gemüsebrühe**
- **60 g Butter**
- **200 g Schmand oder Crème fraîche**

1 Wirsing putzen, vierteln, den Strunk herausschneiden, den Wirsing abspülen, abtropfen lassen und in Streifen schneiden. Möhren putzen, schälen, waschen und in Scheiben schneiden.

2 Kartoffeln waschen, schälen, abspülen, evtl. quer halbieren und in Scheiben schneiden. Porree putzen, längs halbieren, gründlich waschen und in Streifen schneiden. Gemüsezwiebel abziehen, halbieren und in feine Streifen schneiden.

3 Das Gulasch evtl. kalt abspülen, trockentupfen und die Fleischstücke halbieren. Alle vorbereiteten Zutaten nacheinander in einen großen Bräter oder eine feuerfeste Form schichten. Zuerst die Hälfte des Wirsings, dann die Hälfte des restlichen Gemüses einschichten, dann das gesamte Fleisch hinzufügen, zum Schluss das restliche Gemüse einschichten. Die oberste Schicht sollte

aus Wirsing bestehen. Dabei die Schichten kräftig mit Salz, Pfeffer und Kümmel bestreuen. Lorbeerblätter mit einschichten.

4 Alles mit Brühe übergießen und die Butter in Flöckchen darauf verteilen. Den Bräter bzw. die Form mit dem Deckel verschließen und auf dem Rost in den Backofen schieben.

Ober-/Unterhitze:
etwa 180 °C (vorgeheizt)
Heißluft: etwa 160 °C
(nicht vorgeheizt)
Gas: etwa Stufe 3 (nicht vorgeheizt)
Garzeit: etwa 1½ Std.

5 Den Pichelsteiner auf Tellern anrichten und mit einem Klecks Schmand oder Crème fraîche verzieren.

Tipp
Der Pichelsteiner lässt sich gut vorbereiten. Reste können ohne Probleme eingefroren werden.

Möhreneintopf

Foto
Zubereitungszeit: 50 Min.

Pro Portion:
E: 28 g, F: 25 g, Kh: 38 g,
kJ: 2154, kcal: 514

- **750 g Möhren**
- **750 g Kartoffeln**
- **2 Zwiebeln**
- **75 g Butter**
- **375–500 ml**
  (⅜–½ l) Gemüsebrühe
- **4 Rauchenden**
  (Mettwürstchen)
- **Salz, Pfeffer**
- **2 EL gehackte, glatte**
  Petersilie

1 Möhren putzen, schälen, waschen und in Scheiben schneiden. Kartoffeln waschen, schälen, abspülen und in Würfel schneiden. Zwiebeln abziehen und fein würfeln.

2 Butter in einem Topf zerlassen. Zwiebelwürfel darin andünsten. Möhrenscheiben hinzufügen und etwa 5 Minuten darin andünsten.

3 Dann die Kartoffelwürfel hinzufügen und ebenfalls andünsten. Gemüsebrühe hinzugießen, alles zum Kochen bringen und etwa 10 Minuten garen lassen.

4 Die Rauchenden auf den Eintopf legen und alles noch weitere 10 Minuten garen lassen.

5 Den Eintopf mit Salz und Pfeffer würzen und die Petersilie darauf verteilen. Die Rauchenden nach Belieben in Scheiben schneiden und in den Eintopf rühren.

Spargelcremesuppe

Zubereitungszeit: 45 Min.

Pro Portion:
E: 7 g, F: 19 g, Kh: 12 g,
kJ: 1070, kcal: 255

- **500 g weißer Spargel**
- **1 l Wasser**
- **Salz**
- **1 gestr. TL Zucker**
- **55 g Butter**
- **etwa 300 ml Milch**
- **30–35 g Weizenmehl**
- **geriebene Muskatnuss**
- **weißer Pfeffer**
- **1–2 Eigelb**
- **3 EL Schlagsahne**
- **1–2 EL gehackte Petersilie**

1 Spargel waschen, von oben nach unten schälen, dabei darauf achten, dass Schalen und holzige Stellen völlig entfernt, die Köpfe aber nicht verletzt werden und die Enden abschneiden. Spargel in 3 cm lange Stücke schneiden.

2 Wasser mit Salz, Zucker und 15 g Butter in einen Topf geben. Spargelenden und -schalen hinzufügen. Alles zum Kochen bringen und etwa 15 Minuten kochen lassen.

3 Alles durch ein Sieb gießen, die Kochflüssigkeit auffangen und wieder zum Kochen bringen. Spargelstücke hineingeben, zum Kochen bringen und die Spargelstücke 10–12 Minuten garen.

4 Die Spargelstücke dann zum Abtropfen in ein Sieb geben, dabei die Kochflüssigkeit wieder auffangen und mit Milch auf 1–1,25 l auffüllen.

5 Die restliche Butter in einem Topf zerlassen. Mehl unter Rühren darin erhitzen, bis es hellgelb ist. Die abgemessene Flüssigkeit hinzugießen und mit einem Schneebesen durchschlagen, dabei darauf achten, dass keine Klümpchen entstehen. Die Suppe zum Kochen bringen und etwa 5 Minuten kochen lassen.

6 Die Suppe mit Salz, Zucker, Muskatnuss und Pfeffer würzen. Eigelb mit Sahne verschlagen und die Suppe damit abziehen (nicht mehr kochen lassen). Die Spargelstücke in die Suppe geben und erwärmen. Mit Petersilie bestreut servieren.

Schichtmittag

Zubereitungszeit: 110 Min.

Pro Portion:
E: 28 g, F: 55 g, Kh: 32 g,
kJ: 3128, kcal: 748

- **1 kleiner Kopf Weißkohl (etwa 750 g)**
- **600 g fest kochende Kartoffeln**
- **1 Gemüsezwiebel**
- **4 EL Speiseöl**
- **Salz**
- **frisch gemahlener Pfeffer**
- **evtl. gemahlener Kümmel**
- **500 g Thüringer Mett (fertig gewürztes Schweinegehacktes)**
- **125 ml (⅛ l) Gemüsebrühe**
- **40 g Butter**

1 Weißkohl putzen, vierteln, den Strunk herausschneiden, den Kohl abspülen und in feine Streifen schneiden. Die Weißkohlstreifen in kochendes Wasser geben, zum Kochen bringen und 3–5 Minuten kochen lassen. Sie dann auf ein Sieb geben und abtropfen lassen.

2 Kartoffeln waschen, schälen, abspülen und in Scheiben schneiden. Gemüsezwiebel abziehen und in dünne Scheiben schneiden.

3 Öl in einem Topf erhitzen, die Hälfte des Weißkohls darin andünsten und mit Salz, Pfeffer und nach Belieben mit Kümmel bestreuen. Darauf die Hälfte der Kartoffel- und Zwiebelscheiben geben. Das Mett zerpflücken und darauf verteilen.

4 Die restlichen Kartoffel- und Zwiebelscheiben, zum Schluss den restlichen Weißkohl einschichten und mit den Gewürzen bestreuen. Gemüsebrühe hinzufügen und Butter in Flöckchen darauf legen.

5 Den Topf verschließen und alles bei schwacher Hitze 70–90 Minuten garen.

Tipp

Das Schichtmittag kann auch bei etwa 180 °C (Heissluft: etwa 160 °C, Gas: etwa Stufe 3) etwa 90 Minuten im Backofen gegart werden. Die Zugabe von Kümmel erhöht die Bekömmlichkeit dieses Kohl-Gerichtes.

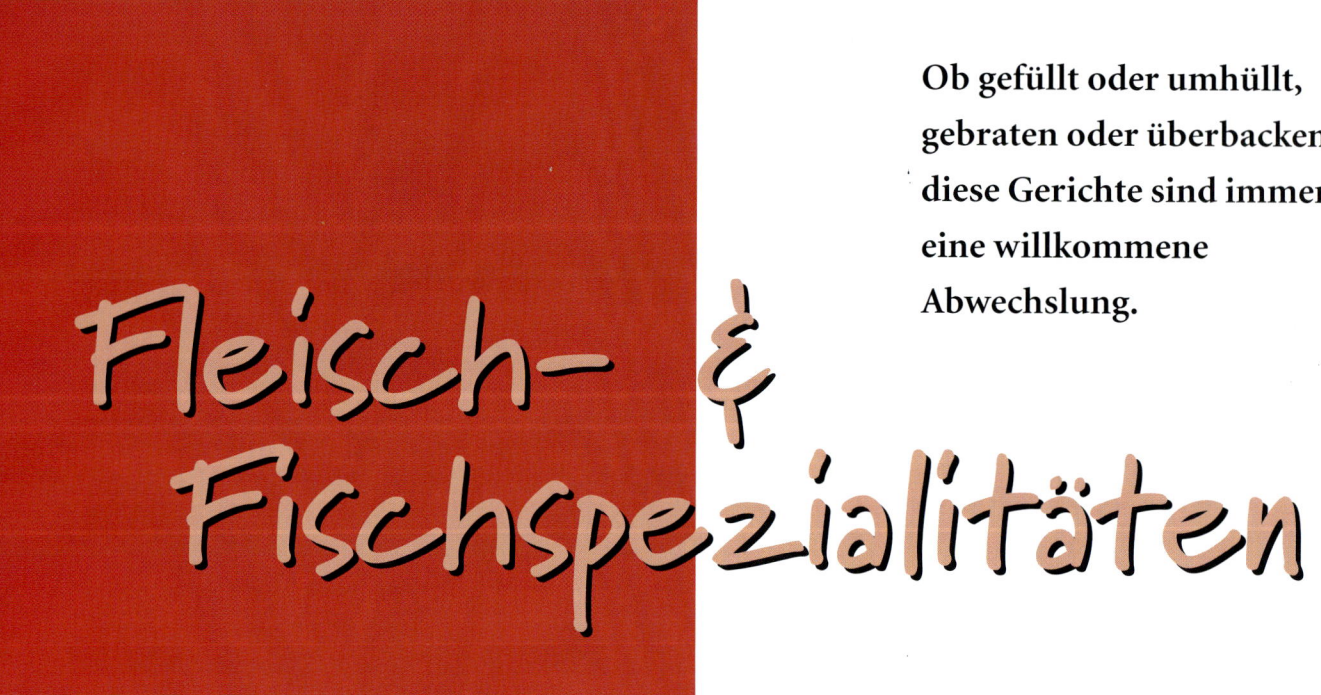

Ob gefüllt oder umhüllt, gebraten oder überbacken, diese Gerichte sind immer eine willkommene Abwechslung.

Fleisch- & Fischspezialitäten

Pizzabraten

4–6 Portionen
Zubereitungszeit: 90 Min.

Pro Portion:
E: 53 g, F: 39 g, Kh: 15 g,
kJ: 2809, kcal: 671

- **800 g Schweinenacken (ohne Knochen)**
- **3 rote Paprikaschoten**
- **2 gestr. EL Tomatenmark**
- **Salz**
- **frisch gemahlener Pfeffer**
- **Paprikapulver edelsüß**
- **4 dünne Scheiben gekochter Schinken**
- **200 g Emmentaler Käse**
- **3 EL Speiseöl**
- **1 Gemüsezwiebel**
- **2 Tomaten**
- **150 ml Tomatenketchup**

1 Das Fleisch unter fließendem kalten Wasser abspülen und trockentupfen. Das Fleischstück von der breiten Seite im oberen Drittel von rechts nach links waagerecht einschneiden, dabei 1 cm am Rand frei lassen (nicht durchschneiden!). Dann auf dieselbe Weise im unteren Drittel von links nach rechts einschneiden. Das Fleisch auseinanderklappen, so dass ein langes, flaches Stück entsteht. Das Stück mehrmals diagonal einritzen.

2 Paprikaschoten vierteln, entstielen, entkernen, die weißen Scheidewände entfernen, Schoten waschen, in kochendes Wasser geben und 8–10 Minuten kochen lassen. Die Paprika abtropfen lassen, kalt abspülen und enthäuten.

3 Das Fleischstück dünn mit Tomatenmark bestreichen und mit Salz, Pfeffer und Paprikapulver bestreuen. Es dann erst mit den Schinkenscheiben, dann mit den Paprikastücken belegen. Den Emmentaler in dünne Scheiben schneiden und darauf legen.

4 Das Fleisch wie eine Roulade aufrollen, mit Küchengarn umwickeln und rundherum mit Salz und Pfeffer bestreuen.

5 Öl in einem Bräter erhitzen und den Braten darin rundherum gut anbraten. Gemüsezwiebel abziehen und in große Stücke schneiden. Tomaten waschen, abtrocknen, die Stängelansätze herausschneiden, die Tomaten in Stücke

(Fortsetzung Seite 26)

schneiden. Das vorbereitete Gemüse mit andünsten. Dann den Bräter auf den Rost in den Backofen schieben.

Ober-/Unterhitze:
etwa 180 °C (vorgeheizt)
Heißluft: etwa 160 °C
(nicht vorgeheizt)
Gas: Stufe 2–3 (nicht vorgeheizt)
Garzeit: etwa 70 Min.

6 Nach Beendigung der Garzeit den Braten aus dem Bräter nehmen und etwa 10 Minuten ruhen lassen. Ihn dann in Scheiben schneiden.

7 Ketchup unter den Bratensatz rühren, einmal aufkochen lassen und evtl. mit den Gewürzen abschmecken. Die Sauce zu dem Braten servieren.

Tipp

Sie können den Pizzabraten auch bei schwacher Hitze auf der Kochstelle etwa 1 Stunde garen.

Würzige Schnitzelpfanne

Zubereitungszeit: 70 Min.

Pro Portion:
E: 31 g, F: 55 g, Kh: 6 g,
kJ: 2819, kcal: 673

- **4 Schweineschnitzel (je 125 g)**
- **2 EL Speiseöl**
- **Salz**
- **frisch gemahlener, weißer Pfeffer**
- **1–2 EL Senf**
- **1–2 EL Tomatenmark**
- **3 Zwiebeln**
- **100 g Schinkenspeck**
- **1 Glas Pusztasalat (Abtropfgewicht 190 g)**
- **1 Glas Champignonscheiben (Abtropfgewicht 240 g)**
- **250 ml (¼ l) Schlagsahne**

1 Schweineschnitzel unter fließendem kalten Wasser abspülen und trockentupfen. Öl in einer Pfanne erhitzen und die Schnitzel kurz von beiden Seiten darin anbraten. Die Schnitzel mit Salz und Pfeffer würzen, von beiden Seiten dünn mit Senf und Tomatenmark bestreichen und in eine gefettete, flache Auflaufform legen.

2 Zwiebeln abziehen, halbieren und in Scheiben schneiden. Schinkenspeck in Streifen schneiden. Beide Zutaten in dem verbliebenen Fett andünsten und mit in die Auflaufform geben.

3 Pusztasalat und Champignons auf einem Sieb abtropfen lassen, mit der Sahne mischen und über die Schnitzel verteilen. Die Form auf dem Rost in den Backofen schieben.

Ober-/Unterhitze:
etwa 180 °C (vorgeheizt)
Heißluft: etwa 160 °C
(nicht vorgeheizt)
Gas: etwa Stufe 3 (nicht vorgeheizt)
Garzeit: etwa 45 Min.

- **Beilage:**
Reis oder Baguette.

Italienische Schnitzel

Zubereitungszeit: 55 Min.

Pro Portion:
E: 39 g, F: 30 g, Kh: 8 g,
kJ: 2074, kcal: 494

- **4 Schweineschnitzel (je 140 g)**
- **Salz**
- **frisch gemahlener Pfeffer**
- **3 EL Olivenöl**
- **1 große Zucchini**
- **2 mittelgroße Zwiebeln**
- **2 Knoblauchzehen**
- **etwa 10 große Oliven ohne Stein**
- **1 Dose geschälte Tomaten (800 g)**
- **2 EL Tomatenmark**
- **1 geh. TL getrockneter Oregano**
- **1 TL getrocknete Rosmarinnadeln**
- **100 g Parmesan-Käse**
- **1 Topf Basilikum**

1 Schnitzel unter fließendem kalten Wasser abspülen, trockentupfen, salzen und pfeffern. Öl in einer Pfanne erhitzen und die Schnitzel von beiden Seiten darin anbraten (nicht durchgaren). Die Schnitzel dann nebeneinander in eine gefettete Auflaufform legen.

2 Zucchini waschen, abtrocknen, die Enden abschneiden, Zucchini längs halbieren und in Scheiben schneiden. Zwiebeln und Knoblauch abziehen und würfeln. Oliven grob zerkleinern.

3 Die Zucchinischeiben in dem verbliebenen Bratfett andünsten (evtl. noch etwas Öl zugeben). Zwiebeln und Knoblauch hinzugeben und mitdünsten. Tomaten mit der Flüssigkeit, Tomatenmark und Olivenstücke hinzufügen, erhitzen und alles mit Salz, Pfeffer, Oregano und Rosmarin würzen. Die Mischung über die Schnitzel geben.

4 Parmesan grob raspeln und darüber streuen. Die Form auf dem Rost in den Backofen schieben.

Ober-/Unterhitze:
etwa 200 °C (vorgeheizt)
Heißluft: etwa 180 °C (vorgeheizt)
Gas: Stufe 3–4 (vorgeheizt)
Garzeit: etwa 20 Min.

5 Basilikum kalt abspülen, trockentupfen, die Blättchen von den Stängeln zupfen, in Streifen schneiden und vor dem Servieren über die Schnitzel streuen.

Tipp
Anstelle von Schweineschnitzeln können Sie auch Putenschnitzel verwenden.

- **Beilage:**
Grüne und weiße Bandnudeln.

Grünkohl mit Kasseler

Foto
Zubereitungszeit: 110 Min.

Pro Portion:
E: 56 g, F: 57 g, Kh: 8 g,
kJ: 3426, kcal: 816

- 1½ kg Grünkohl
- 2 Zwiebeln
- 40 g Schweineschmalz
- 375 ml (⅜ l) Wasser
- Salz
- frisch gemahlener Pfeffer
- 500 g Kasseler-
  Kotelettstück
- 20 g Haferflocken
- 2 Rauchenden
  (Mettwürstchen)

1 Von dem Grünkohl die welken und fleckigen Blätter und die Rippen entfernen, den Grünkohl gründlich waschen, in kochendes Salzwasser geben, zum Kochen bringen und 1–2 Minuten kochen lassen. Den Grünkohl in ein Sieb geben, abtropfen und etwas abkühlen lassen. Grünkohl dann grob hacken.

2 Zwiebeln abziehen und in Würfel schneiden. Schmalz in einem Topf zerlassen. Zwiebelwürfel und Grünkohl hinzufügen. Wasser hinzugießen, alles mit Salz und Pfeffer würzen, zum Kochen bringen und etwa 25 Minuten garen lassen.

3 In der Zwischenzeit Kasseler unter fließendem kalten Wasser abspülen und trockentupfen. Das Kasseler auf den Grünkohl legen und etwa 20 Minuten mitgaren.

4 Haferflocken unter den Grünkohl rühren. Rauchenden auf den Grünkohl legen und alles noch weitere 10 Minuten garen.

5 Fleisch und Wurst herausnehmen und in Scheiben schneiden. Den Grünkohl mit Salz und Pfeffer abschmecken und Fleisch und Wurst dazu servieren.

- **Beilage:**
Brat- oder Salzkartoffeln.

Würzige Holzfällersteaks

Zubereitungszeit: 35 Min.,
ohne Marinierzeit

Pro Portion:
E: 42 g, F: 50 g, Kh: 17 g,
kJ: 3062, kcal: 732

Für die Steaks:
- 4 Scheiben Schweine-
  nacken (je 200 g)
- 1 gestr. EL Grillgewürz
- 4 EL Speiseöl

Für die Zwiebeln:
- 4–6 mittelgroße
  Gemüsezwiebeln
- 5 EL Speiseöl
- 2 EL körniger Senf
- Salz, Pfeffer
- 1 Bund glatte Petersilie

1 Für die Steaks Fleisch unter fließendem kalten Wasser abspülen, trockentupfen, mit Grillgewürz einreiben, mit Öl beträufeln und etwa 60 Minuten marinieren.

2 Für die Zwiebeln Gemüsezwiebeln abziehen, halbieren und in Streifen schneiden. Öl in einer Pfanne erhitzen. Die Zwiebelstreifen darin etwa 15 Minuten unter Rühren dünsten. Senf unterrühren und mit Salz und Pfeffer würzen.

3 Petersilie kalt abspülen, trockentupfen, die Blättchen von den Stängeln zupfen, in feine Streifen schneiden und unter die Zwiebeln mischen.

4 Eine Pfanne erhitzen und die unabgetropften Nackensteaks darin etwa 15 Minuten braten, dabei zwischendurch wenden.

5 Die Nackensteaks mit der Zwiebelmischung servieren.

- **Beilage:**
Dunkles Bauernbrot.

Spätzle-Hähnchen-Auflauf

Zubereitungszeit: 55 Min.

Pro Portion:
E: 54 g, F: 51 g, Kh: 84 g,
kJ: 4397, kcal: 1051

- **250 g getrocknete Spätzle**
- **600 g Hähnchenbrustfilets**
- **1 EL Weizenmehl**
- **4 EL Speiseöl**
- **Salz**
- **frisch gemahlener Pfeffer**
- **1 Dose Pfirsichhälften (Abtropfgewicht 490 g)**
- **1 EL Currypulver**
- **200 g Schmand**
- **200 ml Schlagsahne**
- **2 Bananen**
- **100 g geriebener Gouda-Käse**

1 Spätzle in reichlich Salzwasser nach Packungsanleitung bissfest kochen, in ein Sieb geben und abtropfen lassen. Spätzle in eine flache, gefettete Auflaufform geben.

2 Hähnchenbrustfilets unter fließendem kalten Wasser abspülen, trockentupfen, in Streifen schneiden und mit Mehl bestäuben.

3 Öl in einer Pfanne erhitzen. Die Fleischstreifen darin von beiden Seiten etwa 5 Minuten braten. Dann mit Salz und Pfeffer würzen und auf die Spätzle in die Auflaufform geben.

4 Pfirsichhälften in ein Sieb geben und abtropfen lassen, dabei den Saft auffangen. Pfirsiche würfeln.

5 Currypulver zu dem Bratfett geben, mit dem Pfirsichsaft auffüllen, Schmand und Sahne hinzufügen und alles unter Rühren zum Kochen bringen.

6 Bananen schälen, in Scheiben schneiden und mit den Pfirsichwürfeln unterrühren. Die Mischung mit den Gewürzen abschmecken, über die Fleischstreifen geben und den Gouda darüber streuen. Die Form auf dem Rost in den Backofen schieben.

Ober-/Unterhitze:
etwa 200 °C (vorgeheizt)
Heißluft: etwa 180 °C
(nicht vorgeheizt)
Gas: Stufe 3–4 (nicht vorgeheizt)
Garzeit: 30–35 Min.

Tipp
Den Auflauf nach Belieben mit Zitronenmelisse garnieren.

Hackfleisch-Pizza

Zubereitungszeit: 50 Min.

Pro Portion:
E: 39 g, F: 43 g, Kh: 17 g,
kJ: 2711, kcal: 648

Für den „Fleischteig":
- 1 Brötchen (Semmel)
- 1 kleine Dose Gemüsemais (Abtropfgewicht 140 g)
- 1 kleines Glas ganze Champignons (Abtropfgewicht 115 g)
- 1 Zwiebel
- 500 g Gehacktes (halb Rind-, halb Schweinefleisch)
- 1 Ei
- Salz, Pfeffer
- Paprikapulver edelsüß
- 1 Msp. Cayennepfeffer

Für den Belag:
- 2 EL Zigeunersauce (aus der Flasche)
- 4 mittelgroße Tomaten
- gerebelter Oregano
- 1 Pck. (125 g) Mozzarella
- 50 g geraspelter Gratinkäse
- frisches Basilikum

Abwandlung:
Anstelle von Mais und Champignons können auch bunte Paprika oder Frühlingszwiebeln verwendet werden.

1 Für den „Fleischteig" Brötchen in Wasser einweichen und gut ausdrücken. Mais auf einem Sieb abtropfen lassen. Champignons abtropfen lassen, die Hälfte davon klein schneiden, die restlichen Champignons in Scheiben schneiden und für den Belag beiseite stellen. Zwiebel abziehen und in Würfel schneiden.

2 Gehacktes in eine Schüssel geben. Ei, Brötchen, Champignonstücke, Mais, Zwiebelwürfel, Salz, Pfeffer, Paprika und Cayennepfeffer hinzufügen und alles gut vermischen. Die Masse in ein gefettetes, rundes Pizzablech oder eine Pieform (Ø 30 cm) geben und verteilen.

3 Für den Belag Zigeunersauce auf die Gehacktesmasse streichen. Tomaten waschen, die Stängelansätze entfernen, Tomaten in Scheiben schneiden, darauf verteilen und mit Salz, Pfeffer und Oregano bestreuen. Die zurückgelassenen Champignonscheiben darauf legen.

4 Mozzarella abtropfen lassen, in Scheiben schneiden und ebenfalls darauf verteilen. Gratinkäse in die Zwischenräume streuen. Die Form auf dem Rost in den Backofen schieben.

Ober-/Unterhitze:
etwa 180 °C (vorgeheizt)
Heißluft: etwa 160 °C (vorgeheizt)
Gas: etwa Stufe 3 (vorgeheizt)
Garzeit: etwa 30 Min.

5 Basilikum abspülen, trockentupfen die Blättchen von den Stängeln zupfen und auf der fertig gebackenen Hackfleisch-Pizza verteilen.

Tipp

Wenn Sie kein Pizzablech oder Pieform haben, können Sie auch eine Springform verwenden. Die Form dann von aussen gut in Alufolie einschlagen, so kann keine Flüssigkeit in den Backofen tropfen.

Schweinerücken in Altbiersauce

6 Portionen
Zubereitungszeit: 100 Min.

Pro Portion:
E: 36 g, F: 32 g, Kh: 11 g,
kJ: 2168, kcal: 519

- 1,3 kg Kotelettstrang (mit Knochen)
- Salz
- frisch gemahlener Pfeffer
- 1 TL gemahlener Kümmel
- 3 Zwiebeln
- 1 Knoblauchzehe
- 4 Möhren
- 150 g Knollensellerie
- 250 ml (¼ l) Altbier
- 250 ml (¼ l) Malzbier
- 150 g kalte Butter

1 Die Knochen vom Fleisch lösen und klein hacken. Fleisch unter fließendem kalten Wasser abspülen, trockentupfen, mit Salz, Pfeffer und Kümmel würzen und in einen Bräter legen.

2 Zwiebeln und Knoblauch abziehen und würfeln. Möhren und Sellerie putzen, schälen, waschen und klein schneiden. Das vorbereitete Gemüse und die Knochen zu dem Fleisch geben. Den Bräter auf dem Rost in den Backofen schieben.

Ober-/Unterhitze:
etwa 200 °C (vorgeheizt)
Heißluft: etwa 180 °C
(nicht vorgeheizt)
Gas: Stufe 3–4 (nicht vorgeheizt)
Garzeit: etwa 80 Min.

3 Während der Garzeit nach und nach beide Biersorten hinzufügen und das Fleisch damit begießen. Das gare Fleisch herausnehmen und warm stellen.

4 Für die Sauce Knochen, Gemüse und Bratensaft durch ein Sieb geben, die Flüssigkeit wieder in den Bräter geben und evtl. etwas einkochen lassen. Butter nach und nach in Stückchen unterschlagen, bis die Sauce sämig ist. Evtl. nochmals mit Pfeffer und Salz abschmecken.

5 Das Fleisch in Scheiben schneiden und mit der Sauce servieren.

Tipp
Lassen Sie das Fleisch am besten bereits beim Metzger von den Knochen lösen und die Knochen hacken.

- **Beilage:**
Kartoffelknödel oder Salzkartoffeln.

Gefüllte Putenfilets

Zubereitungszeit: 40 Min.

Pro Portion:
*E: 52 g, F: 36 g, Kh: 12 g,
kJ: 2580, kcal: 617*

- **2 Putenfilets (je 350 g)**
- **Salz**
- **frisch gemahlener,
  weißer Pfeffer**
- **Paprikapulver edelsüß**

Für die Füllung:
- **75 g Zucchini**
- **1 Bund Basilikum**
- **150 g Schafskäse**

- **30 g Butterschmalz**
- **40 g Weizenmehl**

Für die Sauce:
- **1 Becher (150 g)
  Crème fraîche**
- **100 ml Schlagsahne**
- **1 EL Tomatenmark**
- **Cayennepfeffer**

1 Putenfilets unter fließendem kalten Wasser abspülen, trockentupfen und seitlich von der langen Seite aus eine Tasche einschneiden. Mit Salz, Pfeffer und Paprika bestreuen.

2 Für die Füllung Zucchini waschen, die Enden abschneiden und Zucchini in kleine Würfel schneiden. Basilikum abspülen, trockentupfen, die Blätter von den Stängeln zupfen und in feine Streifen schneiden (etwas von den Basilikumstreifen für die Sauce beiseite stellen). Schafskäse in kleine Würfel schneiden.

3 Zucchini, Schafskäse und Basilikum gut verrühren und mit Salz und Pfeffer würzen. Die Masse in die beiden Putenfilets füllen und die Filets mit Holzspießchen zustecken oder mit Küchengarn zunähen.

4 Butterschmalz in einer Pfanne erhitzen. Putenfilets mit Mehl bestäuben und von beiden Seiten darin etwa 25 Minuten garen. Die garen Schnitzel herausnehmen und warm stellen.

5 Für die Sauce Crème fraîche, Sahne und Tomatenmark zu der verbliebenen Bratflüssigkeit in die Pfanne geben, verrühren und einmal aufkochen lassen. Mit Salz, Pfeffer und Cayennepfeffer würzen und die zurückgelassenen Basilikumstreifen unterrühren.

6 Die Putenfilets in Scheiben schneiden und die Sauce dazu servieren.

Tipp

Sie können anstelle von Schafskäse auch Ziegenkäse verwenden. Nach Belieben die Sauce anstelle von Tomatenmark mit Currypulver würzen.

Beilage:
Kräuterkartoffeln, Reis, verschiedene Blattsalate, Paprikasalat, Baguette mit Kräuterbutter.

Abwandlung:
Anstelle der Zucchini-Schafskäse-Masse können Sie die Putenfilets auch mit einer Blattspinat-Tomatenwürfel-Mischung oder mit gemischten, gedünsteten Pilzen füllen.

Hähnchenbrust, süss-scharf

Zubereitungszeit: 50 Min.

Pro Portion:
E: 45 g, F: 15 g, Kh: 26 g,
kJ: 1818, kcal: 435

- **4 Hähnchenbrustfilets (je 150 g)**
- **Salz**
- **frisch gemahlener Pfeffer**
- **etwas Currypulver**
- **1 EL Weizenmehl**
- **4 EL Speiseöl**
- **1 Dose Ananasringe (Abtropfgewicht 250 g)**
- **1 Flasche (250 ml) Currysauce**
- **1 Flasche (250 ml) Chilisauce**
- **200 ml Schlagsahne**
- **80 g geriebener Gouda-Käse**

1 Hähnchenbrustfilets unter fließendem kalten Wasser abspülen, trockentupfen, mit Salz, Pfeffer und Currypulver bestreuen und mit Mehl bestäuben.

2 Öl in einer Pfanne erhitzen. Die Hähnchenbrustfilets darin von beiden Seiten anbraten. Die Filets dann nebeneinander in eine gefettete, flache Auflaufform legen.

3 Ananasringe in einem Sieb abtropfen lassen, dabei den Saft auffangen. Die Ananasringe in Stücke schneiden und in das Bratfett geben. Den aufgefangenen Ananassaft, Currysauce, Chilisauce und Sahne hinzufügen und unter Rühren zum Kochen bringen. Die Sauce evtl. mit den Gewürzen abschmecken.

4 Die Sauce über die Hähnchenbrustfilets geben und mit Käse bestreuen. Die Form auf dem Rost in den Backofen schieben.

Ober-/Unterhitze:
200–220 °C (vorgeheizt)
Heißluft: 180–200 °C (vorgeheizt)
Gas: etwa Stufe 4 (vorgeheizt)
Garzeit: etwa 30 Min.

Tipp
Anstelle von Ananasringen können Sie auch in Spalten oder Würfel geschnittene Pfirsiche (aus der Dose) verwenden.

Beilage:
Reis.

Rheinisches Sauergulasch

Zubereitungszeit: 70 Min., ohne Marinierzeit

Pro Portion:
E: 45 g, F: 15 g, Kh: 26 g,
kJ: 1818, kcal: 435

- ◼ **750 g Rindfleisch (aus der Hüfte)**
- ◼ **6–8 mittelgroße Zwiebeln**
- ◼ **1 Pck. Sauerbratengewürz**
- ◼ **150 ml Weißweinessig**
- ◼ **250 ml (¼ l) Wasser**
- ◼ **1 gestr. TL Salz**
- ◼ **30 g Butterschmalz**
- ◼ **125 g Rosinen**
- ◼ **500 ml (½ l) Fleischbrühe**
- ◼ **3 TL Bratenfond (Fertigprodukt)**
- ◼ **frisch gemahlener Pfeffer**
- ◼ **etwas Zucker**

1 Rindfleisch unter fließendem kalten Wasser abspülen, trockentupfen, in Würfel schneiden und in eine Schüssel geben.

2 Zwiebeln abziehen, halbieren, in Streifen schneiden und zu den Fleischwürfeln geben. Sauerbratengewürz darüber streuen. Essig mit Wasser und Salz verrühren und hinzugießen. Das Fleisch 2 Tage marinieren lassen, dabei gelegentlich wenden.

3 Butterschmalz in einem Topf zerlassen. Die Fleischwürfel aus der Marinade nehmen und in dem Butterschmalz anschmoren, bis das Fleisch anfängt braun zu werden. Die Zwiebeln aus der Marinade hinzufügen und mitschmoren.

4 Die Marinade durch ein Sieb gießen. Rosinen in den Topf geben, etwas von der Marinade und der Fleischbrühe hinzufügen und alles etwa 50 Minuten zugedeckt schmoren lassen. Dabei nach und nach restliche Marinade und Brühe zugießen.

5 Bratenfond unterrühren, alles zum Kochen bringen und etwa 5 Minuten kochen lassen. Das Gulasch mit Salz, Pfeffer und Zucker würzen.

Tipp
Sie können das Sauerbratengewürz auch in einen kleinen Papierbeutel (z. B. Teefilter) oder in ein Mulltuch geben, verschliessen und in die Schüssel legen. Dann muss die Marinade nicht durch ein Sieb gegossen werden.

- ◼ **Beilage:**
Kartoffelknödel.

Bayerischer Krautbraten

Zubereitungszeit: 90 Min.

Pro Portion:
E: 29 g, F: 48 g, Kh: 15 g,
kJ: 2721, kcal: 650

- 1 Kopf Weißkohl
  (etwa 1 kg)
- Salzwasser
- 1 Zwiebel
- 1 TL Kümmel
- 60 g Schweineschmalz
- Salz
- frisch gemahlener Pfeffer
- 1 Brötchen (Semmel)
- 350 g Rindergehacktes
- 2 Eier
- 2 EL gehackte Petersilie
- 100 g magere, durch-
  wachsene Speckscheiben

1 Die schlechten äußeren Blätter von dem Weißkohl entfernen, den Strunk herausschneiden und den Kohlkopf etwa 15 Minuten in kochendes Salzwasser legen. Die äußeren großen Blätter vorsichtig lösen und beiseite legen. Den restlichen Kohl klein schneiden.

2 Zwiebel abziehen und würfeln. Kümmel zerdrücken. Schweineschmalz in einem Topf zerlassen. Zwiebel, Kümmel und Kohlstreifen darin fast gar schmoren, mit Salz und Pfeffer würzen und etwas abkühlen lassen.

3 Brötchen in Wasser einweichen. Mit einem Teil der zurückgelassenen Weißkohlblätter einen gefetteten, feuerfesten Topf oder eine längliche, gefettete Auflaufform auslegen.

4 Das Gehackte mit Eiern, dem gut ausgedrückten Brötchen, Petersilie und dem geschmorten Kohl vermengen und mit Salz und Pfeffer würzen.

5 Die Fleischmasse auf die Kohlblätter füllen, die zurückgelassenen Blätter darüber legen, fest andrücken (evtl. zusammenbinden) und mit den Speckscheiben belegen. Die Form auf dem Rost in den Backofen schieben.

Ober-/Unterhitze:
180–200 °C (vorgeheizt)
Heißluft: 160–180 °C
(nicht vorgeheizt)
Gas: Stufe 3–4 (nicht vorgeheizt)
Garzeit: etwa 60 Min.

Tipp

Zu dem Krautbraten nach Belieben eine Tomatensauce reichen. Dazu 2 Zwiebeln abziehen, würfeln und in 2 Esslöffeln heissem Speiseöl andünsten. 1 Dose (800 g) geschälte Tomaten dazugeben und alles etwa 15 Minuten bei schwacher Hitze köcheln lassen. Die Sauce mit etwas Tomatenmark, Salz und Pfeffer abschmecken und pürieren. Evtl. etwas Schmand unterrühren.

- **Beilage:**
Salzkartoffeln.

Paprika-Knoblauch-Hähnchen

Zubereitungszeit: 70 Min.

Pro Portion:
E: 63 g, F: 63 g, Kh: 11 g,
kJ: 3677, kcal: 878

- **2 küchenfertige Hähnchen (je etwa 800 g)**
- **6 EL Knoblauchöl**
- **Salz**
- **frisch gemahlener Pfeffer**
- **2 gestr. EL Paprikapulver edelsüß**
- **4 Zwiebeln**
- **6 Knoblauchzehen**
- **8 spitze, türkische gelbe und grüne Paprikaschoten (Dolma biber)**
- **200 ml Gemüsebrühe**
- **200 g Schmand oder Crème fraîche**

1 Die Hähnchen halbieren, unter fließendem kalten Wasser abspülen und trockentupfen. Öl mit Salz, Pfeffer und Paprikapulver verrühren. Die Hähnchenteile damit einstreichen und in eine Fettfangschale legen (evtl. etwas Wasser hinzufügen). Die Fettfangschale in den Backofen schieben.

Ober-/Unterhitze:
etwa 200 °C (vorgeheizt)
Heißluft: etwa 180 °C
(nicht vorgeheizt)
Gas: Stufe 3–4 (nicht vorgeheizt)
Bratzeit: etwa 50 Min.

2 Die Hähnchenteile zwischendurch ab und zu mit dem Gewürzöl bestreichen. Evtl. etwas Wasser hinzufügen.

3 In der Zwischenzeit Zwiebeln und Knoblauch abziehen, in feine Scheiben schneiden und nach etwa 25 Minuten Bratzeit zu den Hähnchen geben.

4 Paprikaschoten halbieren, entstielen, entkernen, die weißen Scheidewände entfernen, die Schoten waschen und 15 Minuten vor Beendigung der Bratzeit zu den Hähnchen geben.

5 Das gare Fleisch auf eine Platte legen und warm stellen. Die restlichen Zutaten aus dem Topf mit der Bratflüssigkeit in einen Topf geben. Brühe hinzufügen, alles aufkochen und etwas einkochen lassen.

6 Schmand oder Crème fraîche unterrühren und erwärmen. Die Sauce kräftig abschmecken und zu den Hähnchen servieren.

Tipp
Wenn Sie 6–8 geschälte, geviertelte Kartoffeln zusammen mit den Hähnchenhälften garen (zwischendurch wenden), haben Sie eine vollständige Mahlzeit.

- **Beilage:**
Reis oder Fladenbrot.

Hähnchenbrust mit Senfkruste

Zubereitungszeit: 35 Min.

Pro Portion:
E: 39 g, F: 6 g, Kh: 3 g,
kJ: 918, kcal: 220

- **4 Hähnchenbrustfilets (je 150 g)**
- **Salz**
- **frisch gemahlener Pfeffer**
- **Currypulver**
- **2 Eiweiß**
- **1 EL körniger Senf**
- **1 EL mittelscharfer Senf**
- **1 geh. EL Semmelbrösel**
- **20 g Butter**
- **1 Bund Schnittlauch**

1 Hähnchenbrustfilets unter fließendem kalten Wasser abspülen, trockentupfen, mit Salz, Pfeffer und Curry würzen und nebeneinander in eine gefettete Auflaufform legen.

2 Eiweiß sehr steif schlagen. Beide Senfsorten mit Semmelbröseln und Salz mischen und unterheben. Die Eiweißmasse mit Hilfe eines Messers auf die Hähnchenbrustfilets streichen.

3 Butter in Flöckchen darauf setzen. Die Form im unteren Drittel auf dem Rost in den Backofen schieben.

Ober-/Unterhitze:
etwa 200 °C (vorgeheizt)
Heißluft: etwa 180 °C (vorgeheizt)
Gas: Stufe 3–4 (vorgeheizt)
Garzeit: 20–25 Min.

4 Schnittlauch kalt abspülen, trockentupfen, in Röllchen schneiden und kurz vor dem Servieren die Hähnchenbrustfilets damit bestreuen.

Tipp

Sie können das Gericht auch gut für mehr als 4 Personen auf dem Backblech zubereiten. Das Fleisch schmeckt noch herzhafter, wenn die Hähnchenbrustfilets vorher kurz in Speiseöl angebraten werden.

Nach Belieben jedes Hähnchenbrustfilet zusätzlich mit einer Scheibe gekochtem Schinken belegen.

Die Filets schmecken auch kalt sehr gut. Sie dann in Scheiben geschnitten servieren.

- **Beilage:**
Porreegemüse und Bandnudeln oder Kartoffelpüree.

Lammragout mit Bohnen

4–6 Portionen
Zubereitungszeit: 80 Min.

Pro Portion:
E: 37 g, F: 27 g, Kh: 15 g,
kJ: 2188, kcal: 523

- **800 g Lammschulter (vom Metzger auslösen lassen)**
- **2 EL Olivenöl**
- **Salz**
- **frisch gemahlener Pfeffer**
- **getrockneter Oregano**
- **getrockneter Rosmarin**
- **3 rote Zwiebeln**
- **2 Knoblauchzehen**
- **125 ml (⅛ l) Fleischbrühe**
- **250 ml (¼ l) Rotwein**
- **1 Dose weiße Riesenbohnen (Abtropfgewicht 250 g)**
- **200 g Stangenbohnen**
- **4 Tomaten**

1 Lammschulter unter fließendem kalten Wasser abspülen, trockentupfen und in nicht zu kleine Würfel schneiden.

2 Öl in einem Topf oder Bräter erhitzen. Die Fleischwürfel darin unter Rühren anbraten. Dann mit Salz, Pfeffer, Oregano und Rosmarin bestreuen.

3 Zwiebeln abziehen, halbieren, in Streifen schneiden, zu dem Fleisch geben und kurz mitschmoren lassen. Knoblauch abziehen und durch die Presse ebenfalls zu dem Fleisch geben. Fleischbrühe und Rotwein hinzugießen und alles zugedeckt etwa 45 Minuten schmoren lassen.

4 Riesenbohnen in einem Sieb abtropfen lassen. Von den Stangenbohnen die Enden abschneiden, Bohnen evtl. abfädeln, waschen und in nicht zu kleine Stücke schneiden. Bohnenstücke in kochendes Salzwasser geben, etwa 6 Minuten kochen lassen, abgießen, kurz in kaltes Wasser geben und in einem Sieb abtropfen lassen.

5 Tomaten waschen, abtrocknen, die Stängelansätze herausschneiden, Tomaten vierteln, entkernen und in Stücke schneiden.

6 Riesenbohnen, grüne Bohnen und Tomaten mit in den Topf oder Bräter geben, alles zum Kochen bringen und noch etwa 15 Minuten garen. Das Gericht evtl. mit den Gewürzen abschmecken.

Tipp

Stangenbohnen sind breite grüne Bohnen. Wenn Sie keine Stangenbohnen bekommen, können Sie auch die dünneren Brechbohnen verwenden.
Um eine komplette Mahlzeit zu haben, können Sie nach 30 Minuten Garzeit 6 mittelgrosse, in Stücke geschnittene Kartoffeln hinzufügen und mitgaren.
Nach Belieben die Tomaten enthäuten.

- **Beilage:**
Baguette oder Salzkartoffeln.

Stallhas

Foto
Zubereitungszeit: 85 Min.

Pro Portion:
E: 42 g, F: 42 g, Kh: 9 g,
kJ: 2792, kcal: 666

- 1 küchenfertiges Kaninchen
- Salz
- 4 EL Speiseöl
- 1 EL körniger Senf
- 4 rote Zwiebeln
- 250 ml (¼ l) Rotwein
- 200 ml Schlagsahne
- 1 TL Senf
- 1 EL Tomatenmark
- 1 EL Johannisbeergelee
- evtl. etwas Saucenbinder

1 Von dem Kaninchen die Vorder- und Hinterläufe abschneiden, alle Kaninchenteile unter fließendem kalten Wasser abspülen, trockentupfen und mit Salz einreiben.

2 Öl in einem Bräter erhitzen. Die Kaninchenteile darin rundherum anbraten. Die Teile dann mit Senf bestreichen. Den Rücken herausnehmen und beiseite legen.

3 Zwiebeln abziehen, in Spalten schneiden und in den Bräter geben. Rotwein hinzugießen. Den Bräter mit dem Deckel verschließen und auf dem Rost in den Backofen schieben.

Ober-/Unterhitze:
etwa 200 °C (vorgeheizt)
Heißluft: etwa 180 °C
(nicht vorgeheizt)
Gas: Stufe 3–4 (nicht vorgeheizt)
Garzeit: etwa 40 Min.

4 Den Rücken hinzufügen, den Bräter wieder in den Backofen schieben und alles noch weitere 15 Minuten schmoren lassen.

5 Die Fleischteile herausnehmen und warm stellen. Sahne, Senf, Tomatenmark und Johannisbeergelee unter den Bratenfond rühren.
Die Sauce etwas einkochen lassen, nach Belieben mit Saucenbinder binden und mit den Gewürzen abschmecken.

Falscher Hase (Hackbraten)

6 Portionen
Zubereitungszeit: 75 Min.

Pro Portion:
E: 30 g, F: 43 g, Kh: 13 g,
kJ: 2520, kcal: 602

- 2 altbackene Brötchen (Semmeln)
- 3 mittelgroße Zwiebeln
- 750 g Gehacktes (halb Rind-, halb Schweinefleisch)
- 2 Eier
- 1 geh. TL Senf
- 1 EL gehackte Petersilie
- Salz, Pfeffer
- 100 g durchwachsener Speck
- 1 mittelgroße Tomate
- etwas Saucenbinder

1 Brötchen in kaltem Wasser einweichen. Zwiebeln abziehen, 1 Zwiebel in Viertel schneiden und für die Sauce zurücklassen, die restlichen Zwiebeln fein würfeln.

2 Gehacktes mit den gut ausgedrückten Brötchen, Zwiebelwürfeln, Eiern, Senf und Petersilie vermengen, salzen und pfeffern.

(Fortsetzung Seite 54)

3 Aus der Masse mit nassen Händen einen länglichen Kloß formen und in eine mit Wasser ausgespülte Fettfangschale oder eine flache Auflaufform legen.

4 Den Speck in feine Streifen schneiden, den Kloß damit belegen und gut mit einem Messer andrücken oder mit Küchengarn zusammenbinden. Die Fettfangschale in den Backofen schieben (die Auflaufform auf dem Rost).

Ober-/Unterhitze:
etwa 200 °C (vorgeheizt)
**Heißluft: etwa 180 °C
(nicht vorgeheizt)
Gas: Stufe 3–4 (nicht vorgeheizt)
Garzeit: etwa 60 Min.**

5 Sobald der Bratensatz anfängt zu bräunen, etwas heißes Wasser hinzugießen. Das Fleisch ab und zu mit dem Bratensatz begießen, verdampfte Flüssigkeit nach und nach durch heißes Wasser ersetzen.

6 Inzwischen Tomate waschen, abtrocknen, den Stängelansatz herausschneiden, die Tomate vierteln, mit den Zwiebelvierteln 30 Minuten vor Beendigung der Garzeit zu dem Fleisch geben, mitbraten lassen.

7 Den garen Braten in Scheiben schneiden, auf einer Platte anrichten und warm stellen. Den Bratensatz mit etwas Wasser loskochen, durch ein Sieb in einen Topf gießen und mit Saucenbinder binden. Salzen und pfeffern.

Kabeljau mit Senfsauce

Zubereitungszeit: 25 Min.

Pro Portion:
E: 27 g, F: 7 g, Kh: 2 g,
kJ: 840, kcal: 200

- **20 g Butter**
- **2 EL Zwiebelwürfel**
- **200 ml Fischfond**
  oder -brühe
- **4 Kabeljaufilets (je 150 g)**
- **Salz, Pfeffer**
- **100 ml trockener Weißwein**
- **1 EL körniger Senf**
- **2 EL Crème fraîche**
- **2 EL Schnittlauchröllchen**

1 Butter in einer tiefen Pfanne erhitzen. Zwiebelwürfel darin andünsten und mit Fischfond ablöschen.

2 Kabeljaufilets unter fließendem kalten Wasser abspülen, trockentupfen, salzen und pfeffern, in den Fischfond geben und etwa 10 Minuten garen. Die Fischfilets dann herausnehmen und warm stellen.

3 Den Fond mit Wein und Senf etwas einkochen lassen. Mit Salz und Pfeffer würzen und mit Crème fraîche und Schnittlauchröllchen verfeinern.

4 Den Fisch portionsweise anrichten und mit der Sauce übergießen.

- **Beilage:**
Salzkartoffeln.

- **Abwandlung:**
Sie können den Fisch auch in Butter und etwas Öl braten und die Sauce dazureichen. Dann den Fischfond vorher etwas einkochen lassen.

Überbackenes Fischfilet

Zubereitungszeit: 55 Min.

Pro Portion:
E: 28 g, F: 37 g, Kh: 45 g,
kJ: 2775, kcal: 662

- **500 g Fischfilet, z. B. Kabeljau- oder Rotbarschfilet**
- **evtl. Saft von 1 Zitrone**
- **Salz**
- **2 Zwiebeln**
- **1 Glas Champignonscheiben (Abtropfgewicht 280 g)**
- **1 Bund Petersilie**
- **2 EL Speiseöl**
- **1 Dose geschälte Tomaten (400 g)**
- **2 EL Tomatenmark**
- **frisch gemahlener Pfeffer**
- **200 g Schmand**
- **80 g Semmelbrösel**
- **40 g Butter**

1 Fischfilet unter fließendem kalten Wasser abspülen, trockentupfen, nach Belieben mit Zitronensaft beträufeln, trockentupfen und mit Salz bestreuen.

2 Zwiebeln abziehen und in Würfel schneiden. Champignonscheiben auf einem Sieb abtropfen lassen. Petersilie abspülen, trockentupfen, die Blättchen von den Stängeln zupfen und fein hacken.

3 Öl in einer Pfanne erhitzen und die Zwiebelwürfel darin andünsten. Tomaten mit der Flüssigkeit hinzugeben, die Tomaten etwas zerdrücken, das Tomatenmark hinzugeben, Champignons und Petersilie unterrühren und kurz mit erhitzen. Mit Salz und Pfeffer würzen.

4 Die Tomaten-Champignon-Masse in eine flache, gefettete Auflaufform geben und das Fischfilet darauf legen. Schmand darauf verteilen, mit Semmelbröseln bestreuen und Butter in Flöckchen darauf setzen. Die Form auf dem Rost in den Backofen schieben.

Ober-/Unterhitze:
etwa 200 °C (vorgeheizt)
Heißluft: etwa 180 °C (vorgeheizt)
Gas: Stufe 3–4 (vorgeheizt)
Backzeit: etwa 25 Min.

Tipp

Anstelle der Dosentomaten können sie auch frische, in Scheiben geschnittene Tomaten verwenden. Nach Belieben das Fischfilet zusätzlich mit 100 g geraspeltem Emmentaler Käse überbacken.

Dazu schmeckt Curryreis, den Sie ganz einfach mit im Backofen zubereiten können. Dazu 2 Tassen (etwa 300 g) Langkornreis mit 4 Tassen (etwa 600 ml) Salzwasser und 20 g Butter in eine Auflaufform geben, mit 1 Esslöffel Currypulver bestreuen, einen Deckel auflegen und die Form etwa 20 Minuten vor dem Fischfilet in den Backofen schieben (Garzeit etwa 45 Minuten).

Fischröllchen auf Porree-Risotto

Zubereitungszeit: 45 Min.

Pro Portion:
E: 43 g, F: 32 g, Kh: 63 g,
kJ: 3217, kcal: 768

- ■ **2 Beutel (je 125 g)**
  8-Minuten-Reis
- ■ **400 ml Gemüsebrühe**
- ■ **200 ml Weißwein**
- ■ **3–4 Stangen Porree (Lauch)**
- ■ **50 g Butter**
- ■ **25 g Weizenmehl**
- ■ **250 ml (¼ l) Schlagsahne**
- ■ **1 TL Senf**
- ■ **Salz**
- ■ **frisch gemahlener Pfeffer**
- ■ **1 Prise Zucker**
- ■ **4 Zanderfilets (etwa 700 g)**
- ■ **4 Tomaten**

1 Reis aus dem Beutel in eine flache Auflaufform geben. Gemüsebrühe und die Hälfte des Weißweins darüber gießen. Porree putzen, die Stangen längs halbieren, gründlich waschen, in Streifen schneiden und auf der Reismischung verteilen.

2 Butter in einem kleinen Topf zerlassen. Mehl unter Rühren so lange darin erhitzen, bis es hellgelb ist. Sahne und restlichen Weißwein hinzugießen und mit einem Schneebesen durchschlagen, dabei darauf achten, dass keine Klümpchen entstehen. Die Sauce zum Kochen bringen.

3 Die Sauce mit Senf, Salz, Pfeffer und Zucker würzen und bis auf 4 Esslöffel auf dem Porree verteilen. Die Auflaufform mit dem Deckel oder Alufolie zudecken und auf dem Rost in den Backofen schieben.

Ober-/Unterhitze:
etwa 200 °C (vorgeheizt)
Heißluft: etwa 180 °C (vorgeheizt)
Gas: Stufe 3–4 (vorgeheizt)
Garzeit: etwa 25 Min.

4 In der Zwischenzeit Zanderfilets unter fließendem kalten Wasser abspülen, trockentupfen, längs halbieren mit Salz und Pfeffer bestreuen und aufrollen.

5 Tomaten waschen, abtropfen lassen kreuzweise einschneiden und kurz in kochendes Wasser legen und mit kaltem Wasser abschrecken. Tomaten enthäuten, Stängelansätze herausschneiden und das Fruchtfleisch würfeln.

6 Die Auflaufform nach Beendigung der Garzeit aus dem Backofen nehmen. 8 kleine Vertiefungen in den Reis drücken und die Fischröllchen hineinsetzen. Die zurückgelassene Sauce auf den Fischröllchen verteilen. Tomatenwürfel in die Zwischenräume streuen.

7 Die Form wieder auf dem Rost in den Backofen schieben und alles noch etwa 10 Minuten bei der oben angegebenen Backofeneinstellung garen.

Tipp
Anstelle von Zander- können Sie auch Schollen- oder Welsfilet verwenden.

Matjes-Topf

Zubereitungszeit: 25 Min., ohne Durchziehzeit

Pro Portion:
E: 14 g, F: 24 g, Kh: 8 g,
kJ: 1362, kcal: 325

- **6 Matjesfilets**
- **1 rote Zwiebel**
- **2 Äpfel**
- **125 ml (⅛ l) Schlagsahne**
- **200 g Speisequark**
- **Salz**
- **frisch gemahlener Pfeffer**
- **Zitronensaft**
- **Dillzweige**

1 Matjesfilets evtl. kurz wässern und trockentupfen. Evtl. noch vorhandene Gräten entfernen und die Filets in mundgerechte Stücke schneiden.

2 Zwiebel abziehen, in Scheiben schneiden und in Ringe teilen. Äpfel schälen, vierteln, entkernen und in kleine Scheiben schneiden.

3 Sahne steif schlagen. Quark gut verrühren, die Sahne unterheben und mit Matjesstückchen, Zwiebelringen und Apfelscheiben vorsichtig vermengen.

4 Mit Salz, Pfeffer und Zitronensaft würzen und einige Zeit kühl stellen. Mit Dill garniert servieren.

Tipp
Am besten schmecken Matjes im Mai und Juni, dann sind sie nicht so salzig.

■ **Beilage:**
Pellkartoffeln und grüne Bohnen.

■ **Abwandlung:**
Für **Matjesfilets nach Hausfrauen-Art** 8 Matjesfilets (etwa 600 g) wie oben angegeben vorbereiten und in Stücke schneiden. 3 Zwiebeln abziehen und halbieren. 2 Äpfel schälen, vierteln und entkernen. Beide Zutaten und 4 Gewürzgurken in Scheiben schneiden. 375 ml (⅜ l) Schlagsahne mit 3 Esslöffeln Zitronensaft verrühren, mit Salz, Pfeffer und Zucker abschmecken und mit den restlichen Zutaten vermischen. Etwa 12 Stunden durchziehen lassen.

Lachs auf Spitzkohl

Zubereitungszeit: 55 Min., ohne Auftauzeit

Pro Portion:
E: 40 g, F: 34 g, Kh: 43 g,
kJ: 3568, kcal: 853

- ■ **4 TK-Lachsfilets (je 150 g)**
- ■ **1 Kopf Spitzkohl (800 g)**
- ■ **1 Zwiebel**
- ■ **50 g Butter**
- ■ **250 ml (¼ l) Gemüsebrühe**
- ■ **Salz**
- ■ **frisch gemahlener Pfeffer**
- ■ **600 g gekochte Pellkartoffeln**
- ■ **250 ml (¼ l) Schlagsahne**
- ■ **2 Pck. Fix für Lachs-Sahne-Gratin**
- ■ **1 EL körniger Senf**

1 Lachsfilets aus der Packung nehmen und etwa 1 Stunde antauen lassen.

2 Von dem Spitzkohl die äußeren Blätter entfernen, Spitzkohl vierteln, den Strunk herausschneiden, den Spitzkohl abspülen, abtropfen lassen und in Streifen schneiden. Zwiebel abziehen und würfeln.

3 Butter in einem Topf zerlassen. Zwiebelwürfel darin andünsten. Spitzkohlstreifen hinzufügen und unter Rühren andünsten. Gemüsebrühe hinzugießen, alles mit Salz und Pfeffer würzen und etwa 10 Minuten garen.

4 Den Spitzkohl dann in einem Sieb abtropfen lassen, dabei die Garflüssigkeit auffangen, mit Wasser auf 250 ml (¼ l) auffüllen und zurück in den Topf geben.

5 Kartoffeln pellen, in Scheiben schneiden, mit den Kohlstreifen m schen und in eine flache Auflaufform geben.

6 Lachs unter fließendem kalten Was ser abspülen, trockentupfen, mit Salz und Pfeffer bestreuen und auf die Kohl-Kartoffel-Mischung legen.

7 Sahne zu der Garflüssigkeit geben und Fix für Lachs-Sahne-Gratin und Senf unterrühren. Die Sauce über den Lachs verteilen. Die Form auf dem Rost in den Backofen schieben.

Ober-/Unterhitze:
etwa 200 °C (vorgeheizt)
Heißluft: etwa 180 °C (vorgeheizt)
Gas: Stufe 3–4 (vorgeheizt)
Garzeit: etwa 25 Min.

Tipp

Wenn Sie das Fix für Lachs-Sahne-Gratin nicht bekommen, können Sie die Sauce unter Punkt 5 auch mit 25 g mit Wasser angerührtem Weizenmehl binden. Zusätzlich zu dem Senf dann noch 1 Päckchen TK-Dill hinzufügen.

Fisch-Shrimps-Auflauf

4–6 Portionen
Zubereitungszeit: 50 Min.,
ohne Auftauzeit

Pro Portion:
E: 42 g, F: 31 g, Kh: 5 g,
kJ: 2544, kcal: 608

- **6 TK-Schollenfilets (je 80 g)**
- **3 Scheiben TK-Lachsfilet (etwa 400 g)**
- **200 g TK-Grönland-Shrimps**
- **100 ml Weißwein**
- **etwas Zitronensaft**
- **1 kleines Glas Champignons (Abtropfgewicht 295 g)**

Für die Dillsauce:
- **75 g weiche Butter**
- **1 EL Weizenmehl**
- **250 ml (¼ l) Schlagsahne**
- **1 TL Senf**
- **etwas Zitronensaft**
- **Salz**
- **frisch gemahlener Pfeffer**
- **1 Prise Zucker**
- **2 Bund Dill**

1 Schollenfilets, Lachsfiletscheiben und Shrimps nach Packungsanleitung auftauen lassen. Den Fisch evtl. unter fließendem kalten Wasser abspülen und trockentupfen.

2 Schollenfilets längs halbieren und so aufrollen, dass die Hautseite innen liegt. Die Fischröllchen in eine gefettete Auflaufform setzen. Weißwein hinzufügen.

3 Lachsfiletscheiben im Stück in die Auflaufform geben oder in große Würfel (3 x 3 cm) schneiden und mit den Shrimps zwischen den Schollenfiletröllchen verteilen. Alles mit Zitronensaft beträufeln. Champignons in einem Sieb abtropfen lassen, vierteln und mit in die Auflaufform geben.

4 Für die Dillsauce Butter mit Handrührgerät mit Rührbesen geschmei-

dig rühren. Mehl unterarbeiten. Sahne, Senf, Zitronensaft, Salz, Pfeffer und Zucker hinzufügen und unterrühren.

5 Dill kalt abspülen, trockentupfen, klein schneiden und unterrühren. Die Dillsauce über den Fisch geben. Die Form auf dem Rost in den Backofen schieben.

Ober-/Unterhitze:
etwa 200 °C (vorgeheizt)
Heißluft: etwa 180 °C (vorgeheizt)
Gas: Stufe 3–4 (vorgeheizt)
Garzeit: etwa 20 Min.

Tipp

Dazu schmeckt Reis, den Sie auch im Backofen garen können. Dazu 300 g Basmati- oder Langkornreis in eine Auflaufform geben, mit etwas Salz bestreuen und mit 450 ml Wasser auffüllen. 1 Zwiebel abziehen und in die Mitte der Auflaufform setzen. Die Form mit dem Deckel oder Alufolie verschliessen und auf dem Rost in den Backofen schieben. Den Reis bei der oben angegebenen Backofeneinstellung etwa 30 Minuten garen.

Wenn es mal schnell gehen muss, können Sie diese raffinierten Gerichte in Windeseile auf den Tisch bringen.

Hähnchenbrust mit Mozzarella

Zubereitungszeit: 30 Min.

Pro Portion:
E: 56 g, F: 23 g, Kh: 4 g
kJ: 1919, kcal: 459

- **4 Hähnchenbrustfilets (ohne Haut, je etwa 180 g)**
- **Salz**
- **frisch gemahlener Pfeffer**
- **4 mittelgroße Tomaten (je etwa 100 g)**
- **250 g Mozzarella-Käse**
- **3 EL Speiseöl**
- **einige Basilikumblättchen**

1 Hähnchenbrustfilets unter fließendem, kalten Wasser abspülen, trockentupfen und mit Salz und Pfeffer würzen.

2 Tomaten waschen, Stängelansätze herausschneiden und Tomaten in Scheiben schneiden. Den Mozzarella abtropfen lassen und in nicht zu dicke Scheiben schneiden.

3 Öl in einer feuerfesten Pfanne erhitzen und die Filets etwa 10 Minuten von beiden Seiten anbraten.

4 Das Fleisch mit Tomaten- und Mozzarellascheiben belegen, die Pfanne auf dem Rost unter den vorgeheizten Grill in den Backofen schieben und 5–10 Minuten übergrillen (wer keine feuerfeste Pfanne hat, kann die Filets auch nach dem Anbraten in eine Auflaufform umfüllen).

5 Vor dem Servieren mit Basilikumblättern garnieren.

- **Beilage:**
Butterreis oder Knoblauchtoast.

Spargeltoast im Eiermantel

Foto
Zubereitungszeit: 35 Min.

Pro Portion:
E: 28 g, F: 41 g, Kh: 20 g,
kJ: 2455, kcal: 586

■ **12 Stangen TK-Spargel**
■ **Salzwasser**
■ **4 Scheiben Toastbrot**
■ **40 g weiche Butter**
■ **4 Scheiben gekochter Schinken**
■ **4 Eier**
■ **200 ml Schlagsahne**
■ **Salz**
■ **frisch gemahlener Pfeffer**
■ **geriebene Muskatnuss**
■ **60 g geraspelter Gouda**

1 Den Spargel gefroren in kochendes Salzwasser geben und etwa 10 Minuten kochen lassen. Den Spargel abgießen, etwas abkühlen lassen und einmal quer durchschneiden.

2 Toastbrotscheiben in eine gefettete, flache Gratin- oder Auflaufform geben und dick mit der Butter bestreichen. Schinken in Streifen schneiden. Erst den Spargel, dann die Schinkenstreifen auf dem Brot verteilen.

3 Eier mit Sahne verschlagen, mit Salz, Pfeffer und Muskat würzen und über die Spargeltoasts geben. Mit Gouda bestreuen. Die Form auf dem Rost in den Backofen schieben.

Ober-/Unterhitze:
etwa 180 °C (vorgeheizt)
Heißluft: etwa 160 °C (vorgeheizt)
Gas: etwa Stufe 3 (vorgeheizt)
Backzeit: etwa 15 Min.

4 Die fertigen Spargeltoasts sofort servieren.

■ **Beilage:**
Tomatensalat.

Toast Hawaii

Zubereitungszeit: 15 Min.

Pro Portion:
E: 25 g, F: 29 g, Kh: 33 g
kJ: 2095, kcal: 501

■ **4 Scheiben Toastbrot**
■ **30 g Butter**
■ **4 Scheiben (150 g) gekochter Schinken**
■ **4 Scheiben Ananas (aus der Dose)**
■ **4 Scheiben (250 g) Käse, z. B. Gouda**

1 Toastbrot toasten und mit der Butter bestreichen. Jede Brotscheibe mit je 1 Scheibe Schinken, Ananas und Käse belegen.

2 Die Toasts auf ein Backblech legen. Das Backblech in den Backofen schieben und überbacken, bis der Käse anfängt zu zerlaufen.

Ober-/Unterhitze:
200–220 °C (vorgeheizt)
Heißluft: 180–200 °C (vorgeheizt)
Gas: Stufe 4–5 (vorgeheizt)
Backzeit: etwa 8 Min.

■ **Abwandlung:**
Anstelle von Schinken und Ananas können Sie die Toastscheiben auch mit Salami- und Tomatenscheiben belegen und dann mit dem Käse überbacken.

Rührei im Wurstkörbchen

Foto
Zubereitungszeit: 25 Min.

Pro Portion:
E: 25 g, F: 45 g, Kh: 3 g,
kJ: 2269, kcal: 542

- **3 Frühlingszwiebeln**
- **8 Eier**
- **8 EL Milch**
- **etwas Mineralwasser**
- **Salz**
- **frisch gemahlener Pfeffer**
- **geriebene Muskatnuss**
- **40 g Butter**
- **3 EL Speiseöl**

- **4 große Scheiben Fleischwurst (Ø 12 cm, ½ cm dick; vom Metzger schneiden lassen)**
- **Paprikapulver edelsüß**

1 Frühlingszwiebeln putzen, waschen und in Ringe schneiden.

2 Eier mit Milch und Mineralwasser gut verquirlen. Mit Salz, Pfeffer und Muskatnuss würzen. Frühlingszwiebelringe unterrühren.

3 Butter in einer Pfanne zerlassen und die Eiermilch hineingeben. Sobald die Masse zu stocken beginnt, sie strichweise vom Boden der Pfanne losrühren. So lange weiter erhitzen, bis keine Flüssigkeit mehr vorhanden ist. Das Rührei warm stellen.

4 Öl in einer Pfanne erhitzen. Die Fleischwurstscheiben darin anbraten, bis sich die Mitte nach oben wölbt. Die Wurstscheiben umdrehen und auf Teller legen.

5 Das Rührei in die Wurstkörbchen füllen und mit Paprikapulver bestreut servieren.

- **Beilage:**
Baguette und gemischter Salat.

Eier mit Senfsauce

Zubereitungszeit: 20 Min.

Pro Portion:
E: 18 g, F: 39 g, Kh: 7 g,
kJ: 1965, kcal: 470

- **8 Eier**
- **25 g Butter**
- **20 g Weizenmehl**
- **125 ml (⅛ l) Gemüsebrühe**
- **250 ml (¼ l) Schlagsahne**
- **1 EL mittelscharfer Senf**
- **1 EL körniger Senf**
- **Salz**
- **frisch gemahlener Pfeffer**

1 Eier hart kochen. Sie dann kurz kalt abschrecken, damit sie sich besser pellen lassen.

2 In der Zwischenzeit Butter in einem Topf zerlassen. Mehl unter Rühren so lange darin erhitzen, bis es hellgelb ist.

3 Brühe und Sahne hinzugießen und mit einem Schneebesen durchschlagen, dabei darauf achten, dass keine Klümpchen entstehen. Die Sauce zum Kochen bringen und etwa 5 Minuten kochen lassen.

4 Beide Senfsorten unterrühren und die Sauce mit Salz, Pfeffer würzen.

5 Eier pellen, nach Belieben halbieren und kurz vor dem Servieren in die Sauce geben.

- **Abwandlung:**
Nach Belieben zusätzlich gekochte Spargelstücke oder gedünstete Champignon in die Sauce geben.

- **Beilage:**
Salzkartoffeln oder Kartoffelpüree.

Pellkartoffeln mit Kräuterquark

Foto
Zubereitungszeit: 35 Min.

Pro Portion:
E: 20 g, F: 24 g, Kh: 43 g,
kJ: 2004, kcal: 478

- **1 kg Kartoffeln**

  Für den Kräuterquark:
- **500 g Speisequark**
- **125 ml (⅛ l) Schlagsahne**
- **1 Bund Schnittlauch**
- **1 Bund Petersilie**
- **Salz, Pfeffer**

1 Kartoffeln gründlich waschen, in Salzwasser zum Kochen bringen, in 20–25 Minuten gar kochen lassen und abgießen. Die Kartoffeln im offenen Topf unter häufigem Schütteln abdämpfen lassen.

2 Für den Kräuterquark Quark mit Sahne verrühren. Schnittlauch und Petersilie abspülen, trockentupfen, fein hacken und unter den Sahnequark rühren. Mit Salz und Pfeffer abschmecken und den Kräuterquark schaumig rühren.

3 Kartoffeln längs einschneiden, etwas aufdrücken und jeweils 1 Esslöffel Kräuterquark hineingeben. Oder die Kartoffeln pellen und zu dem Quark servieren.

Tipp

Nach Belieben können auch noch fein geschnittene Radieschenscheiben in den Quark gegeben werden.

Bauernfrühstück

Zubereitungszeit: 30 Min.

Pro Portion:
E: 15 g, F: 41 g, Kh: 31 g,
kJ: 2417, kcal: 577

- **750 g gekochte Pellkartoffeln**
- **75 g durchwachsener Speck**
- **4 Zwiebeln**
- **30 g Butter oder Margarine**
- **3 Eier**
- **3 EL Milch**
- **Salz**
- **frisch gemahlener Pfeffer**
- **Paprikapulver edelsüß**
- **geriebene Muskatnuss**
- **125 g Schinkenspeck**
- **2 EL Schnittlauchröllchen**

1 Kartoffeln pellen und in Scheiben schneiden. Den Speck in feine Würfel schneiden. Zwiebeln abziehen und fein würfeln.

2 Die Speckwürfel in einer Pfanne auslassen. Butter oder Margarine dazugeben und die Zwiebelwürfel darin glasig dünsten. Die Kartoffelscheiben hinzugeben und von allen Seiten darin anbraten.

3 Die Eier mit Milch, Salz, Pfeffer, Paprika und Muskat verquirlen. Schinkenspeck in Würfel schneiden und mit den Schnittlauchröllchen hinzugeben. Die Masse über die gebräunten Kartoffeln geben und bei schwacher Hitze stocken lassen.

Hähnchenpfanne mit Nudeln

Foto
Zubereitungszeit: 25 Min.

Pro Portion:
E: 36 g, F: 14 g, Kh: 28 g,
kJ: 1657, kcal: 396

- 500 g Hähnchenbrustfilets
- 4 EL Speiseöl
- Salz
- frisch gemahlener Pfeffer
- 1 große Stange Porree
  (Lauch)
- 1 Dose Tomatenstücke mit
  Kräutern (Einwaage 400 g)
- 400 ml Wasser
- 150 g Gabelspaghetti

1 Hähnchenbrustfilets unter fließendem kalten Wasser abspülen, trockentupfen und in dicke Streifen schneiden. Die Hälfte des Öls in einer Pfanne erhitzen und die Fleischstreifen von allen Seiten kräftig anbraten. Die Fleischstreifen salzen und pfeffern, aus der Pfanne nehmen und beiseite stellen.

2 Porree putzen, halbieren, gründlich waschen, abtropfen lassen und in Streifen schneiden. Das restliche Öl in der Pfanne erhitzen und die Porreestreifen darin andünsten. Die Tomatenstücke hinzufügen, die leere Dose mit Wasser füllen (400 ml), ebenfalls hinzufügen.

3 Gabelspaghetti unterrühren, alles zum Kochen bringen und zugedeckt etwa 10 Minuten garen, dabei zwischendurch umrühren. Dann das Fleisch unterheben, alles erhitzen und mit den Gewürzen abschmecken.

Putenschnecken à la Parma

Zubereitungszeit: 35 Min.

Pro Portion:
E: 58 g, F: 33 g, Kh: 2 g,
kJ: 2409, kcal: 575

- 4 Scheiben Putenschnitzel
  (je 140 g)
- Salz
- frisch gemahlener Pfeffer
- 8 Salbeiblätter
- 4 Scheiben
  gekochter Schinken
- 4 Scheiben Höhlenkäse
- 4 EL Speiseöl

1 Putenschnitzel unter fließendem kalten Wasser abspülen, trockentupfen und mit Salz und Pfeffer würzen. Salbeiblätter kalt abspülen und trockentupfen. Schinken- und Käsescheiben in Größe der Schnitzel schneiden.

2 Je 2 Salbeiblätter, 1 Schinken- und 1 Käsescheibe nacheinander auf jede Fleischscheibe legen. Die Fleischscheiben von der schmalen Seite her aufrollen und jede Rolle in 3 Scheiben schneiden.

3 Öl in einer Pfanne erhitzen. Die Scheiben mit der Schnittfläche in eine Pfanne legen und bei mittlerer Hitze zuerst von beiden Seiten anbraten, dann etwa 10 Minuten garen.

- **Beilage:**
Kartoffelgratin oder Reis.

Tipp
Anstelle von Puten- können Sie auch Schweineschnitzel verwenden.

Eier–Spinat–Ragout

Zubereitungszeit: 35 Min.

Pro Portion:
E: 28 g, F: 47 g, Kh: 10 g,
kJ: 2529, kcal: 604

- **4–6 Eier**
- **1 Zwiebel**
- **1 Knoblauchzehe**
- **3 EL Olivenöl**
- **600 g TK-Blattspinat**
- **Salz**
- **frisch gemahlener Pfeffer**
- **geriebene Muskatnuss**
- **40 g Butter**
- **30 g Weizenmehl**
- **200 ml Schlagsahne**
- **125 ml (⅛ l) Gemüsebrühe**
- **150 g gekochter Schinken**

1 Eier in etwa 8 Minuten hart kochen, abschrecken, pellen und der Länge nach vierteln. Zwiebel und Knoblauch abziehen und würfeln.

2 Öl in einem großen Topf erhitzen. Zwiebel- und Knoblauchwürfel darin andünsten. Unaufgetauten Spinat hinzufügen und nach Packungsanleitung garen.

3 Die Spinatmischung mit Salz, Pfeffer und Muskatnuss würzen, in ein Sieb geben, etwas abtropfen lassen.

4 Butter in einem Topf zerlassen. Mehl hinzufügen und unter Rühren so lange darin erhitzen, bis es hellgelb ist.

5 Sahne und Gemüsebrühe hinzugießen, mit einem Schneebesen durchschlagen, dabei darauf achten, dass keine Klümpchen entstehen, und zum Kochen bringen. Mit Salz, Pfeffer und Muskatnuss würzen.

6 Schinken in Würfel schneiden, mit den Eiervierteln in die Sauce geben, alles mit dem Spinat mischen, erwärmen.

■ Abwandlung:
Sie können das Ragout auch mit Käse überbacken. Dazu den etwas abgetropften Spinat in eine gefettete Auflaufform geben. Schinkenwürfel und Eierviertel in die Sauce geben und auf dem Spinat verteilen. 100 g geraspelten Gouda-Käse darüber streuen. Die Form auf dem Rost in den vorgeheizten Backofen schieben und bei etwa 200 °C (Ober-/Unterhitze), etwa 180 °C (Heißluft) oder Stufe 3–4 (Gas) etwa 20 Minuten überbacken.

■ Beilage:
Salzkartoffeln.

Rösti auf Kasseler

Foto
Zubereitungszeit: 35 Min.

Pro Portion:
E: 27 g, F: 60 g, Kh: 22 g,
kJ: 3237, kcal: 773

- **4 Scheiben Kasseler (aus dem Kotelettstück, ohne Knochen)**
- **4 TK-Rösti-Ecken**
- **200 g Schmand**
- **150 g Crème fraîche**
- **100 ml Schlagsahne**
- **1 Pck. TK-8-Kräuter**
- **100 g geriebener Gratinkäse**

1 Kasselerscheiben unter fließendem kalten Wasser abspülen, trockentupfen und nebeneinander in eine gefettete Auflaufform legen. Je 1 unaufgetauten Rösti auf jede Kasselerscheibe legen.

2 Schmand, Crème fraîche, Sahne und Kräuter verrühren und die Masse auf die Rösti streichen.

3 Gratinkäse darüber streuen. Die Form auf dem Rost in den Backofen schieben.

Ober-/Unterhitze:
etwa 200 °C (vorgeheizt)
Heißluft: etwa 180 °C (vorgeheizt)
Gas: Stufe 3–4 (vorgeheizt)
Garzeit: etwa 20 Min.

- **Beilage:**
Gemischter Blattsalat.

Schnelles Hühnerfrikassee

Zubereitungszeit: 25 Min.

Pro Portion:
E: 42 g, F: 11 g, Kh: 14 g,
kJ: 1389, kcal: 332

- **1 Dose Champignonscheiben (Abtropfgewicht 230 g)**
- **1 Glas Spargel (Abtropfgewicht 370 g)**
- **500 g Hähnchenbrustfilets**
- **1 Glas (340 ml) Geflügelfond mit Fleischeinlage**
- **6 geh. EL Weizenmehl**
- **200 ml Champignon- oder Spargelflüssigkeit**
- **125 ml (⅛ l) Schlagsahne**
- **Salz**
- **frisch gemahlener Pfeffer**
- **geriebene Muskatnuss**
- **evtl. Zitronensaft oder Weißwein**

1 Champignons und Spargel auf einem Sieb abtropfen lassen, dabei die Flüssigkeit auffangen und 200 ml abmessen. Den Spargel in mundgerechte Stücke schneiden. Hähnchenbrustfilets kalt abspülen, trockentupfen und in Stücke schneiden.

2 Den Geflügelfond ohne die Fleischeinlage erhitzen, die Hähnchenbrustfiletstücke hineingeben, in etwa 5 Minuten gar ziehen lassen und mit einem Schaumlöffel herausnehmen.

3 Mehl mit etwas von der Champignon- oder Spargelflüssigkeit anrühren. Die restliche Flüssigkeit und Sahne zu dem Fond geben und erhitzen. Das angerührte Mehl mit einem Schneebesen einrühren und aufkochen lassen. Mit Salz, Pfeffer, Muskat abschmecken.

4 Spargelstücke und Champignonscheiben mit dem gesamten Fleisch in die Sauce geben und erhitzen. Das Frikassee nach Belieben mit Zitronensaft oder Weißwein abschmecken.

- **Beilage:**
Reis.

Leberkäse mit Spiegelei

Foto
Zubereitungszeit: 30 Min.

Pro Portion:
E: 19 g, F: 39 g, Kh: 2 g,
kJ: 1910, kcal: 456

- 4 EL Speiseöl
- 4 Scheiben Leberkäse (je 120 g)
- 4 mittelgroße Zwiebeln
- 30 g Butter
- 4 Eier
- Salz
- 2 EL Schnittlauchröllchen

1 Öl in einer Pfanne erhitzen. Die Leberkäsescheiben darin in etwa 6 Minuten von beiden Seiten braten. Anschließend aus der Pfanne nehmen und warm stellen.

2 Zwiebeln abziehen, halbieren und in Scheiben schneiden. Die Zwiebelscheiben in dem verbliebenen Bratfett unter mehrmaligem Wenden bräunen.

3 Butter in einer beschichteten Pfanne erhitzen. Die Eier vorsichtig aufschlagen und nebeneinander in die Pfanne gleiten lassen. Das Eiweiß mit Salz bestreuen und die Eier etwa 5 Minuten braten.

4 Den Leberkäse auf Tellern anrichten und mit Spiegeleiern, Zwiebelscheiben und Schnittlauchröllchen garnieren.

- **Beilage:**
Kopfsalat.

Eierfrikassee

Zubereitungszeit: 30 Min.

Pro Portion:
E: 15 g, F: 16 g, Kh: 7 g,
kJ: 1050, kcal: 251

- 200 g gedünstete Champignons
- 175 g gekochte Spargelstücke
- 6 hart gekochte Eier
- 20 g Butter oder Margarine
- 25 g Weizenmehl
- 375 ml (⅜ l) Champignon- und Spargelwasser
- 1 Eigelb
- 3 EL Weißwein
- Salz
- etwas Zitronensaft
- 1 EL gehackte Petersilie

1 Champignons und Spargelstücke zum Abtropfen auf ein Sieb geben, dabei die Flüssigkeit auffangen und 375 ml (⅜ l) abmessen (evtl. mit Wasser auffüllen). Eier pellen, Champignons und Eier in Scheiben schneiden.

2 Butter oder Margarine in einem Topf zerlassen. Mehl unter Rühren so lange darin erhitzen, bis es hellgelb ist. Die abgemessene Flüssigkeit hinzugießen und mit einem Schneebesen durchschlagen, dabei darauf achten, dass keine Klümpchen entstehen. Alles etwa 10 Minuten kochen lassen.

3 Die vorbereiteten Zutaten in die Sauce geben und darin erwärmen. Eigelb mit Weißwein verschlagen und das Frikassee damit abziehen (nicht mehr kochen lassen). Mit Salz und Zitronensaft abschmecken und mit Petersilie bestreuen.

- **Beilage:**
Reis.

Blitzgulasch

Foto
Zubereitungszeit: 30 Min.

Pro Portion:
E: 30 g, F: 26 g, Kh: 4 g,
kJ: 1638, kcal: 391

- 500 g Roastbeef
- 4 EL Speiseöl
- Salz
- frisch gemahlener Pfeffer
- 1 kleines Glas Perlzwiebeln
  (Abtropfgewicht 185 g)
- 150 g kleine Champignons
- 40 g Butter
- 100 ml Rotwein
- 200 ml Rinderfond
  oder Fleischbrühe
- 1 TL Speisestärke
- etwas Rotwein

1 Roastbeef unter fließendem kalten Wasser abspülen, trockentupfen und in Würfel schneiden.

2 Öl in einer Pfanne erhitzen. Die Fleischwürfel darin rundherum anbraten, herausnehmen, salzen, pfeffern und warm stellen.

3 Perlzwiebeln auf einem Sieb gut abtropfen lassen. Champignons putzen, evtl. abspülen. Butter in der Pfanne zerlassen, Champignons und Perlzwiebeln darin anbraten. Mit Rotwein und Fond oder Brühe ablöschen und die Flüssigkeit etwa um die Hälfte einkochen lassen.

4 Speisestärke mit etwas Rotwein anrühren und die Bratflüssigkeit damit binden. Die Sauce evtl. mit den Gewürzen abschmecken. Die Fleischwürfel in der Sauce erhitzen.

- **Beilage:**
Spätzle, frische Salate.

Rumpsteaks mit Pfeffersauce

Zubereitungszeit: 20 Min.

Pro Portion:
E: 38 g, F: 60 g, Kh: 3 g,
kJ: 3233, kcal: 772

- 4 Rumpsteaks (je 200 g)
- frisch gemahlener Pfeffer
- 30 g Butterschmalz
- Salz, 200 ml Wasser
- 1 Beutel Rahmbraten-
  Saucenpulver
- 1 EL grüne Pfefferkörner
  (aus dem Glas)
- 100–125 ml Schlagsahne
- evtl. 3 EL Weinbrand
  oder Sherry

1 Rumpsteaks unter fließendem kalten Wasser abspülen, gut trockentupfen und mit Pfeffer bestreuen.

2 Butterschmalz in einer Pfanne erhitzen und die Rumpsteaks darin von beiden Seiten 6–8 Minuten braten. Mit Salz würzen und warm stellen.

3 Das Wasser zum Bratensatz geben und das Saucenpulver einrühren. Abgetropfte Pfefferkörner zugeben und 2–3 Minuten kochen lassen.

4 Sahne und nach Belieben Weinbrand oder Sherry unterrühren und die Sauce zu den Rumpsteaks servieren.

- **Beilage:**
Baguette oder Pommes frites.

Gebratene Kartoffelecken

Foto
Zubereitungszeit: 35 Min.

Pro Portion:
E: 4 g, F: 12 g, Kh: 25 g,
kJ: 973, kcal: 232

- 600 g Kartoffeln
- 4 EL Speiseöl
- je 1 rote, gelbe und grüne Paprikaschote
- 1 Knoblauchzehe
- Salz, Pfeffer
- 1 EL frischer, gehackter Oregano

1 Kartoffeln waschen, gründlich bürsten, trockentupfen und der Länge nach in Achtel schneiden.

2 Öl in einer Pfanne erhitzen, die Kartoffelecken darin kräftig von allen Seiten anbraten und etwa 10 Minuten garen.

3 Paprikaschoten halbieren, entstielen, entkernen, die weißen Scheidewände entfernen, Schoten waschen und in Würfel schneiden.

4 Paprikawürfel zu den Kartoffelecken geben und alles weitere 10 Minuten braten lassen. Knoblauch abziehen, fein hacken oder durch die Presse drücken und hinzufügen. Alles kräftig mit Salz und Pfeffer würzen. Oregano unterrühren.

■ Abwandlung:

Sie können die Kartoffelecken anstelle von Paprika auch mit gewürfelten Zucchini zubereiten.

Ramequin mit Schinken

Zubereitungszeit: 35 Min.

Pro Portion:
E: 27 g, F: 31 g, Kh: 20 g,
kJ: 2105, kcal: 503

- 4 Scheiben Toastbrot
- 6 EL Weißwein
- 4 Scheiben gekochter Schinken
- 4 Scheiben Emmentaler oder Greyerzer Käse (in Größe der Toastbrotscheiben)
- Paprikapulver edelsüß
- 3 Eigelb
- 1 geh. EL Weizenmehl

- 125 ml (⅛ l) Milch
- 125 ml (⅛ l) Schlagsahne
- Salz
- frisch gemahlener Pfeffer
- 3 Eiweiß

1 Toastbrotscheiben in eine gefettete Gratinform legen und mit Weißwein beträufeln. Schinken in Streifen schneiden und darauf verteilen. Die Käsescheiben darauf legen und mit Paprika bestreuen.

2 Eigelb mit Mehl verschlagen. Milch und Sahne unterrühren und alles mit Salz und Pfeffer abschmecken. Eiweiß steif schlagen und unterheben.

Die Masse auf die Toastscheiben geben. Die Form auf dem Rost in den Backofen schieben.

Ober-/Unterhitze:
etwa 180 °C (vorgeheizt)
Heißluft: etwa 160 °C (vorgeheizt)
Gas: etwa Stufe 3 (vorgeheizt)
Backzeit: etwa 25 Min.

■ Beilage:
Gemischter Blattsalat.

Nudeltopf mit Rauchenden

Foto
Zubereitungszeit: 20 Min.

Pro Portion:
E: 48 g, F: 31 g, Kh: 45 g,
kJ: 2908, kcal: 694

- **2 Zwiebeln**
- **60 g Butter**
- **4 EL Tomatenmark**
- **250 g Spiralnudeln**
- **1 l Gemüsebrühe**

- **4 Rauchenden (Mettwürstchen)**
- **Salz**
- **frisch gemahlener Pfeffer**

1 Zwiebeln abziehen und in Würfel schneiden.

2 Butter in einem Topf oder einer hohen Pfanne zerlassen. Die Zwiebelwürfel darin andünsten. Tomatenmark unterrühren.

3 Nudeln hinzufügen, mit Gemüsebrühe aufgießen, alles zum Kochen bringen, umrühren und bei mittlerer Hitze etwa 10 Minuten unter gelegentlichem Umrühren kochen lassen.

4 Mettenden oder Rauchenden in Scheiben schneiden und hinzufügen. Mit Salz und Pfeffer würzen und noch etwa 5 Minuten ziehen lassen.

Allgäuer Krautspätzle

Zubereitungszeit: 35 Min.

Pro Portion:
E: 10 g, F: 17 g, Kh: 45 g,
kJ: 1647, kcal: 393

- **500 g Spätzle (aus dem Kühlregal) oder 250 g getrocknete Spätzle**
- **1 mittelgroße Zwiebel**
- **50 g Butter**
- **500 g Weinsauerkraut**
- **125 ml (⅛ l) Gemüsebrühe**
- **Salz**
- **frisch gemahlener Pfeffer**
- **getrockneter Majoran**
- **2 EL zerlassene Butter**

1 Spätzle in reichlich kochendem Salzwasser nach Packungsanleitung bissfest kochen. Spätzle dann in einem Sieb abtropfen lassen und evtl. warm stellen.

2 Zwiebel abziehen und in Würfel schneiden. Butter in einem Topf zerlassen. Die Zwiebelwürfel darin glasig dünsten.

3 Sauerkraut locker zupfen und zu den Zwiebeln geben. Gemüsebrühe hinzugießen, alles zum Kochen bringen und etwa 25 Minuten bei schwacher Hitze dünsten lassen.

4 Das Sauerkraut mit Salz, Pfeffer und Majoran würzen, mit den Spätzle vermengen und mit der Butter beträufeln.

Abwandlung:

Sie können das Gericht auch mit **selbst gemachten Spätzle** zubereiten. Dazu 250 g Weizenmehl in eine Schüssel sieben und in die Mitte eine Vertiefung drücken. 2 Eier mit 1/2 Teelöffel Salz und 125 ml (1/8 l) Wasser verschlagen, etwas in die Vertiefung geben und von der Mitte aus mit Mehl verrühren. Nach und nach die übrige Flüssigkeit hinzugießen, den Teig schlagen, bis er Blasen wirft. Den Teig auf ein Holzbrett streichen, mit einem Messer portionsweise in kochendes Salzwasser schaben oder durch eine Spätzlepresse geben. Die Spätzle kochen, bis sie an der Oberfläche schwimmen. Dann nochmals aufkochen lassen.

Nackensteaks mit Kartoffelkruste

Foto
Zubereitungszeit: 35 Min.

Pro Portion:
E: 38 g, F: 58 g, Kh: 18 g,
kJ: 3311, kcal: 792

- **4 Schweine-Nackensteaks (je 150 g, ohne Knochen)**
- **Salz**
- **frisch gemahlener Pfeffer**
- **2 EL Speiseöl**
- **1 Pck. (400 g) Rösti nach Schweizer Art (pfannenfertige Kartoffelzubereitung)**
- **200 g Schmand**
- **100 g grob geriebener Gratinkäse**

1 Steaks unter fließendem kalten Wasser abspülen, trockentupfen, salzen und pfeffern.

2 Öl in einer Pfanne erhitzen und die Steaks von beiden Seiten darin kurz anbraten. Die Steaks dann nebeneinander in eine gefettete Auflaufform legen.

3 Die Rösti-Masse in eine Schüssel geben, mit Schmand und Käse vermischen, evtl. mit Salz und Pfeffer würzen und auf den Steaks verteilen. Die Form auf dem Rost in den Backofen schieben.

Ober-/Unterhitze:
etwa 200 °C (vorgeheizt)
Heißluft: etwa 180 °C (vorgeheizt)
Gas: Stufe 3–4 (vorgeheizt)
Garzeit: etwa 20 Min.

- **Beilage:**
Gemischter Salat.

Geschnetzeltes mit Äpfeln

Zubereitungszeit: 35 Min.

Pro Portion:
E: 23 g, F: 25 g, Kh: 8 g,
kJ: 1556, kcal: 371

- **400 g Schweinenacken (ohne Knochen)**
- **2 mittelgroße Stangen Porree (Lauch)**
- **2 mittelgroße, rote Äpfel**
- **3 EL Speiseöl**
- **Salz, Pfeffer**
- **2 TL getrockneter Majoran**
- **1 TL Senf**
- **500 ml (½ l) Fleischbrühe**

- **100 g Frischkäse mit Kräutern**

1 Fleisch unter fließendem kalten Wasser abspülen, trockentupfen und in Streifen schneiden.

2 Porree putzen, gründlich waschen und in Ringe schneiden. Äpfel waschen, abtrocknen, vierteln, entkernen und quer in Scheiben schneiden.

3 Öl in einer Pfanne oder einem Topf erhitzen. Die Fleischstreifen darin anbraten und mit Salz, Pfeffer und Majoran bestreuen.

4 Porreeringe und Apfelscheiben hinzufügen und kurz mitdünsten. Senf unterrühren und die Fleischbrühe hinzufügen. Alles zum Kochen bringen und etwa 10 Minuten garen.

5 Frischkäse unterrühren und das Geschnetzelte evtl. nochmals mit den Gewürzen abschmecken.

Aus dem Ofen

Spaghetti-Pizza

Zubereitungszeit: 45 Min.

Pro Portion:
E: 38 g, F: 55 g, Kh: 63 g,
kJ: 3941, kcal: 941

- 300 g Spaghetti
- Salzwasser
- 1 EL Speiseöl
- 1 rote Paprikaschote
- 40 g Butter
- 15 g Weizenmehl
- 250 ml (¼ l) Schlagsahne
- 250 ml (¼ l) Milch
- 1 Ecke (62,5 g) Schmelzkäse
- 2 Eier
- 200 g gekochter Schinken
- Salz
- frisch gemahlener Pfeffer
- Paprikapulver edelsüß
- 5 mittelgroße Tomaten
- gerebelter Oregano
- 80 g geraspelter Gratinkäse
- einige Basilikumblättchen

1 Spaghetti einmal durchbrechen und in reichlich kochendes Salzwasser geben, Öl hinzufügen und die Spaghetti nach Packungsanleitung bissfest kochen. Die garen Spaghetti auf ein Sieb geben, mit kaltem Wasser übergießen und gut abtropfen lassen.

2 Paprikaschote halbieren, entstielen, entkernen, die weißen Scheidewände entfernen, die Schote waschen und in Streifen schneiden.

3 Butter in einem Topf zerlassen. Mehl unter Rühren hinzufügen, Sahne und Milch hinzufügen und unter Rühren zum Kochen bringen. Paprikastreifen hinzufügen und alles etwa 5 Minuten kochen lassen.

4 Schmelzkäse unterrühren. Die abgetropften Spaghetti unterheben und Eier unterrühren.

5 Schinken in Streifen schneiden und unterheben. Die Masse mit Salz, Pfeffer und Paprika abschmecken und in eine Gratin- oder Pieform (Ø 30 cm) geben.

(Fortsetzung Seite 92)

6 Tomaten waschen, Stängelansätze herausschneiden, Tomaten in Scheiben schneiden, darauf verteilen und mit Salz, Pfeffer und Oregano würzen. Den Käse darauf streuen. Die Form auf dem Rost in den Backofen schieben.

Ober-/Unterhitze:
etwa 200 °C (vorgeheizt)
Heißluft: etwa 180 °C (vorgeheizt)
Gas: Stufe 3–4 (vorgeheizt)
Backzeit: 15–20 Min.

7 Die gare Spaghetti-Pizza mit Basilikumblättchen garnieren.

TIPP

Sie können die Spaghetti-Pizza vorbereiten, zugedeckt im Kühlschrank aufbewahren und erst kurz vor dem Verzehr in den Backofen schieben. Dann verlängert sich die Backzeit um etwa 5 Minuten.

Würstchenauflauf

Zubereitungszeit: 50 Min.

Pro Portion:
E: 65 g, F: 56 g, Kh: 35 g,
kJ: 4021, kcal: 961

- **500 g gekochte Pellkartoffeln**
- **2 lange Wiener Würstchen (je 125 g)**
- **1 Glas Champignonscheiben (Abtropfgewicht 185 g)**
- **2–3 grobe, ungebrühte Bratwürste**
- **150 g TK-Erbsen**
- **3 Eier**
- **125 ml (⅛ l) Milch**
- **125 ml (⅛ l) Schlagsahne**
- **Salz**
- **frisch gemahlener Pfeffer**
- **geriebene Muskatnuss**
- **100 g geriebener Gouda-Käse**
- **2 EL Semmelbrösel**
- **2 EL Butter**

1 Kartoffeln pellen. Kartoffeln und Würstchen in Scheiben schneiden und abwechselnd in eine gefettete, flache Auflauf- oder Gratinform schichten.

2 Champignonscheiben auf einem Sieb abtropfen lassen. Aus der Bratwurstmasse Klößchen formen und mit Champignons und Erbsen in den Zwischenräumen und auf den Kartoffel- und Würstchenscheiben verteilen.

3 Eier mit Milch und Sahne verschlagen, mit Salz, Pfeffer und Muskat

würzen und über den Auflauf gießen. Den Auflauf mit Gouda und Semmelbröseln bestreuen und die Butter in Flöckchen darauf verteilen. Die Form au dem Rost in den Backofen schieben.

Ober-/Unterhitze:
etwa 180 °C (vorgeheizt)
Heißluft: etwa 160 °C (nicht vorgeheizt)
Gas: Stufe 3–4 (nicht vorgeheizt)
Backzeit: etwa 35 Min.

- **Beilage:**
Kopf- oder Tomatensalat.

Chicorée-Hähnchen-Gratin

Zubereitungszeit: 60 Min.

Pro Portion:
E: 59 g, F: 73 g, Kh: 12 g,
kJ: 4074, kcal: 975

- **2 doppelte Hähnchenfilets (je etwa 300 g)**
- **4 EL Olivenöl**
- **Salz**
- **frisch gemahlener Pfeffer**
- **750 g Chicorée (4 Kolben)**
- **150 ml Hühnerbrühe**
- **400 g Tomaten**
- **500 g Schmand**
- **5 EL Orangensaft**
- **1 EL Currypulver**
- **250 g Cheddar-Käse**

1 Hähnchenfilets unter fließendem kalten Wasser abspülen und trockentupfen. Die doppelten Filets in der Mitte halbieren und jede Hälfte einmal der Länge nach durchschneiden.

2 Die Hälfte des Öls in einer Pfanne erhitzen. Das Fleisch darin etwa 10 Minuten unter Wenden kräftig anbraten, mit Salz und Pfeffer würzen und aus der Pfanne nehmen.

3 Chicorée von schlechten Blättern befreien, waschen, längs halbieren und die bitteren Strünke keilförmig so herausschneiden, dass die Blätter möglichst noch zusammenhalten.

4 Eine flache Auflaufform mit dem restlichen Öl einstreichen. Chicoréehälften mit der Schnittfläche nach unten darin verteilen.

5 Das Fleisch zum Chicorée geben. Den Bratensatz mit Hühnerbrühe ablöschen, aufkochen lassen und über Fleisch und Chicorée gießen.

6 Tomaten waschen, abtropfen lassen, kreuzweise einschneiden, kurz in kochendes Wasser legen und in kaltem Wasser abschrecken. Tomaten enthäuten, Stängelansätze herausschneiden, Tomaten achteln, entkernen und auf dem Fleisch verteilen.

7 Schmand mit Orangensaft, Salz und Currypulver verrühren und als Kleckse auf Fleisch und Gemüse geben.

8 Käse fein reiben und auf der Schmandmasse verteilen. Die Form auf dem Rost in den Backofen schieben.

Ober-/Unterhitze:
etwa 200 °C (vorgeheizt)
Heißluft: etwa 180 °C (vorgeheizt)
Gas: Stufe 3–4 (vorgeheizt)
Garzeit: etwa 25 Min.

Tipp
Dazu schmeckt Baguette.

Hähnchenschnitzel-Auflauf

Zubereitungszeit: 50 Min.

Pro Portion:
E: 44 g, F: 52 g, Kh: 19 g,
kJ: 3153, kcal: 753

- **4 Hähnchenschnitzel (je 150 g)**
- **Salz**
- **frisch gemahlener Pfeffer**
- **Currypulver**
- **etwas Weizenmehl**
- **5 EL Speiseöl**
- **2 Dosen kleine, ganze Champignons (Abtropfgewicht je 230 g)**
- **1 Gemüsezwiebel**
- **1 EL Weizenmehl**
- **125 ml (⅛ l) Tomatenketchup**
- **125 ml (⅛ l) Weißwein**
- **150–250 ml Schlagsahne**
- **4 Scheiben durchwachsener Speck**

1 Das Fleisch unter fließendem kalten Wasser abspülen, trockentupfen, mit Salz, Pfeffer und Curry würzen und mit Mehl bestäuben.

2 Drei Esslöffel Öl in einer großen, beschichteten Pfanne erhitzen, die Hähnchenschnitzel darin von beiden Seiten anbraten und nebeneinander in eine gefettete, flache Auflaufform legen.

3 Champignons auf einem Sieb abtropfen lassen. Zwiebel abziehen, halbieren und in Streifen schneiden.

4 Das restliche Öl in der Pfanne erhitzen und die Zwiebelstreifen darin andünsten. Champignons hinzufügen und kurz mit andünsten.

5 Mit Mehl bestäuben, mit Ketchup, Weißwein und Sahne auffüllen und aufkochen lassen. Mit den Gewürzen abschmecken und über die Hähnchenschnitzel geben.

6 Die Speckscheiben in 1,5 cm dicke Streifen schneiden und darauf verteilen. Die Form auf dem Rost in den Backofen schieben.

Ober-/Unterhitze:
etwa 180 °C (vorgeheizt)
Heißluft: etwa 160 °C (vorgeheizt)
Gas: etwa Stufe 3 (vorgeheizt)
Backzeit: 20–25 Min.

Tipp

Wenn Kinder mitessen, den Weisswein durch Gemüsebrühe ersetzen.
Der Auflauf kann gut vorbereitet und im Kühlschrank aufbewahrt werden. Dann verlängert sich die Backzeit um 5–10 Minuten.

Gebackener Sommer

Zubereitungszeit: 75 Min.

Pro Portion:
E: 21 g, F: 50 g, Kh: 31 g,
kJ: 2875, kcal: 687

- **150 g Baconscheiben (Frühstücksspeck)**
- **600 g Kartoffeln**
- **500 g Blattspinat**
- **500 g Tomaten**
- **1 kleine Gemüsezwiebel**
- **Salz**
- **frisch gemahlener Pfeffer**
- **geriebene Muskatnuss**
- **3 Knoblauchzehen**
- **200 g Schafskäse**
- **5 EL Olivenöl**

1 Baconscheiben halbieren und eine feuerfeste, flache Auflaufform damit auslegen.

2 Kartoffeln waschen, schälen, abspülen, in dünne Scheiben schneiden und auf dem Speck verteilen. Die Form auf dem Rost in den Backofen schieben.

Ober-/Unterhitze:
etwa 200 °C (vorgeheizt)
Heißluft: etwa 180 °C (vorgeheizt)
Gas: Stufe 3–4 (vorgeheizt)
Garzeit: etwa 20 Min.

3 In der Zwischenzeit Spinat verlesen, waschen, abtropfen lassen, in Salzwasser blanchieren und gut abtropfen lassen. Tomaten waschen, abtrocknen, die Stängelansätze herausschneiden und die Tomaten in Scheiben schneiden. Gemüsezwiebel abziehen, halbieren und ebenfalls in feine Scheiben schneiden.

4 Die Form aus dem Backofen nehmen, die Kartoffeln mit Salz und Pfeffer bestreuen, den Spinat darauf verteilen und mit Salz, Pfeffer und Muskatnuss würzen. Knoblauch abziehen, durch die Presse drücken und auf dem Spinat verteilen.

5 Zuerst die Zwiebelscheiben auf den Spinat legen, dann die Tomaten schuppenförmig darauf verteilen. Den Schafskäse zerbröckeln und darüber streuen. Öl darüber träufeln.

6 Die Form wieder auf dem Rost in den Backofen schieben und **bei der oben angegebenen Backofeneinstellung noch weitere 25 Minuten** garen.

Tipp

Wer das Gericht vegetarisch möchte, kann den Speck weglassen. Sie können auch TK-Blattspinat verwenden, ihn dann vor der Verwendung auftauen und abtropfen lassen.

Bäckers Spinatauflauf

Foto
Zubereitungszeit: 40 Min.

Pro Portion:
E: 22 g, F: 35 g, Kh: 27 g,
kJ: 2219, kcal: 530

- 1 Pck. (450 g) TK-Blattspinat
- 3 Brötchen (Semmel)
- 375 ml (⅜ l) Milch
- 75 g durchwachsener Speck
- 1 Zwiebel, 3 Eigelb
- Salz, Pfeffer
- geriebene Muskatnuss
- 3 Eiweiß
- 80 g geriebener Käse
- 40 g Butter

1 Spinat auftauen lassen. Brötchen in der Milch einweichen und gut ausdrücken. Speck in Würfel schneiden und auslassen. Die Zwiebel abziehen, würfeln und in dem Speckfett andünsten und zu der Brötchenmasse geben.

2 Spinat mit Eigelb zu der Speck-Brötchen-Masse geben, gut verrühren und mit Salz, Pfeffer und Muskat würzen. Eiweiß steif schlagen und unterheben.

3 Die Masse in eine gefettete, flache Auflaufform füllen und mit dem Käse bestreuen. Butter in Flöckchen darauf setzen. Die Form auf dem Rost in den Backofen schieben.

Ober-/Unterhitze:
etwa 200 °C (vorgeheizt)
Heißluft: etwa 180 °C (vorgeheizt)
Gas: etwa Stufe 4 (vorgeheizt)
Backzeit: 25–30 Min.

- **Beilage:**
Kartoffelpüree.

Italienischer Gemüseauflauf

Zubereitungszeit: 45 Min.

Pro Portion:
E: 14 g, F: 30 g, Kh: 8 g,
kJ: 1585, kcal: 379

- 2 gelbe Paprikaschoten
- 2 rote Paprikaschoten
- 4 mittelgroße Zucchini
- 200 g Mozzarella-Käse
- 1 Knoblauchzehe
- 1 Bund Basilikum
- 50 g schwarze Oliven
- Salz, Pfeffer
- 6 EL Olivenöl

1 Paprikaschoten putzen, waschen und in grobe Streifen schneiden. Zucchini putzen, die Enden abschneiden, Zucchini waschen und in Scheiben schneiden. Mozzarella in Scheiben schneiden.

2 Knoblauch abziehen und fein würfeln. Basilikum abspülen, trockentupfen, die Blättchen von den Stängeln zupfen und in Streifen schneiden.

3 Paprikastreifen, Mozzarella- und Zucchinischeiben und Oliven abwechselnd dachziegelartig in eine leicht gefettete Auflaufform geben, dabei die Schichten mit Salz und Pfeffer würzen.

4 Öl mit Knoblauch und Basilikum verrühren und über das Gemüse verteilen. Die Form auf dem Rost in den Backofen schieben.

Ober-/Unterhitze:
etwa 200 °C (vorgeheizt)
Heißluft: etwa 180 °C (vorgeheizt)
Gas: etwa Stufe 4 (vorgeheizt)
Backzeit: 25–30 Min.

Backofengemüse

Foto
Zubereitungszeit: 50 Min.

Pro Portion:
E: 7 g, F: 18 g, Kh: 47 g,
kJ: 1687, kcal: 402

- **1 kg fest kochende, mittelgroße Kartoffeln**
- **7 EL Olivenöl**
- **Salz**
- **frisch gemahlener Pfeffer**
- **2 rote Paprikaschoten**
- **1 gelbe Paprikaschote**
- **2 mittelgroße Zucchini**
- **2 Rosmarinzweige**
- **4 Knoblauchzehen**

1 Kartoffeln gründlich waschen (evtl. abbürsten), längs vierteln, in eine Fettfangschale legen, mit Salz und Pfeffer bestreuen und mit 2 Esslöffeln Öl beträufeln. Die Fettfangschale in den Backofen schieben.

Ober-/Unterhitze:
180–200 °C (vorgeheizt)
Heißluft: 160–180 °C (vorgeheizt)
Gas: etwa Stufe 3 (vorgeheizt)
Garzeit: etwa 20 Min.

2 Paprika vierteln, entstielen, entkernen, die weißen Scheidewände entfernen, die Schoten waschen und in kleine Stücke schneiden.

3 Zucchini waschen, abtrocknen, die Enden abschneiden und Zucchini in kleine Stücke schneiden. Das Gemüse salzen, pfeffern und mit dem restlichen Öl vermischen.

4 Rosmarinzweige kalt abspülen und trockentupfen. Knoblauch abziehen und die Zehen mit dem Gemüse und den Rosmarinzweigen zu den vorgegarten Kartoffeln geben. Alle Zutaten miteinander verrühren.

5 Die Fettfangschale wieder in den Backofen schieben, alles **bei der oben angegebenen Temperatur noch weitere 20–25 Minuten garen.**

Bunter Gemüseauflauf

Zubereitungszeit: 50 Min.

Pro Portion:
E: 13 g, F: 18 g, Kh: 26 g,
kJ: 1389, kcal: 331

- **je 2 kleine rote, grüne und gelbe Paprikaschoten**
- **2 kleine Zucchini**
- **1 l Gemüsebrühe**
- **4 große Pellkartoffeln**
- **Salz, Pfeffer**
- **getrockneter Rosmarin**
- **getrockneter Oregano**
- **200 g Schmand**
- **1 Ei**
- **50 g geriebener Parmesan-Käse**

1 Paprikaschoten vierteln, entstielen, entkernen, die weißen Scheidewände entfernen, die Schoten waschen und längs in Streifen schneiden.

2 Zucchini waschen, abtrocknen, die Enden abschneiden, die Zucchini waschen und in etwa ½ cm dicke Scheiben schneiden.

3 Gemüsebrühe in einem Topf zum Kochen bringen. Die Paprikastreifen hineingeben und 3–4 Minuten garen. Dann die Zucchinischeiben hinzufügen und alles noch 1–2 Minuten kochen lassen.

4 Das Gemüse in ein Sieb gießen, dabei die Brühe auffangen. Das Gemüse kurz mit kaltem Wasser übergießen und gut abtropfen lassen. Von der Brühe 125 ml (⅛ l) abmessen. Pellkartoffeln pellen und in nicht zu dünne Scheiben schneiden.

(Fortsetzung Seite 104)

5 Paprikastreifen, Zucchini- und Kartoffelscheiben in eine flache Auflaufform geben und mit Salz, Pfeffer, Rosmarin und Oregano bestreuen.

6 Schmand mit Ei, abgemessener Brühe und Parmesan verrühren, evtl. mit den Gewürzen abschmecken und über das Gemüse geben. Die Auflaufform auf dem Rost in den Backofen schieben.

Ober-/Unterhitze:
etwa 200 °C (vorgeheizt)
Heißluft: etwa 180 °C (vorgeheizt)
Gas: Stufe 3–4 (vorgeheizt)
Garzeit: etwa 25 Min.

Tipp

Sie können nach Belieben den Parmesan weglassen und den Auflauf mit geriebenem Gouda- oder Emmentaler-Käse bestreuen.

Schlemmertopf

6 Portionen
Zubereitungszeit: 1¾ Std.

Pro Portion:
E: 48 g, F: 46 g, Kh: 20 g,
kJ: 3059, kcal: 730

- **1 kg Schweineschulter**
- **2 Beutel Zwiebelsuppe**
- **frisch gemahlener Pfeffer**
- **1 großes Glas Champignons (Abtropfgewicht 340 g)**
- **1 Dose Kidneybohnen (Abtropfgewicht 255 g)**
- **1 Dose geschälte Tomaten (800 g)**
- **250 ml (¼ l) Schlagsahne**
- **200 g geriebener Gouda-Käse**

1 Fleisch unter fließendem kalten Wasser abspülen, trockentupfen und in große Würfel schneiden. Die Fleischwürfel in eine große Auflaufform oder einen Bräter geben. Das Zwiebelsuppenpulver darauf verteilen. Mit Pfeffer würzen.

2 Champignons in einem Sieb abtropfen lassen und vierteln oder halbieren. Kidneybohnen ebenfalls abtropfen lassen. Bohnen mit Champignons und Tomaten mit der Flüssigkeit zum Fleisch geben.

3 Sahne darüber gießen. Die Form mit einem Deckel oder mit Alufolie zudecken und auf dem Rost in den Backofen schieben.

Ober-/Unterhitze:
etwa 200 °C (vorgeheizt)
Heißluft: etwa 180 °C
(nicht vorgeheizt)
Gas: Stufe 3–4 (nicht vorgeheizt)
Garzeit: etwa 90 Min.

4 Nach etwa 60 Minuten Garzeit Deckel oder Alufolie entfernen, der Schlemmertopf mit Käse bestreuen und noch etwa 30 Minuten garen, bis der Käse goldbraun ist.

- **Beilage:**
Stangenweißbrot.

Landfrauenauflauf mit Frühlingsquark

auch Titelfoto
Zubereitungszeit: 65 Min.

Pro Portion:
E: 39 g, F: 37 g, Kh: 78 g,
kJ: 3436, kcal: 821

- ■ **200 g gelbe Bandnudeln**
- ■ **200 g grüne Bandnudeln**
- ■ **Salzwasser**
- ■ **750 g Fleischtomaten**
- ■ **250 g gekochter Schinken**
- ■ **3 Eier**
- ■ **200 ml Schlagsahne**
- ■ **Salz**
- ■ **frisch gemahlener Pfeffer**
- ■ **1 Bund Schnittlauch**
- ■ **½ Bund glatte Petersilie**
- ■ **1 Pck. (200 g) Frühlingsquark**

1 Beide Nudelsorten in reichlich kochendes Salzwasser geben und nach Packungsanleitung bissfest kochen. Die garen Nudeln auf ein Sieb geben, mit kaltem Wasser übergießen und abtropfen lassen.

2 Tomaten kurze Zeit in kochendes Wasser legen (nicht kochen lassen), in kaltem Wasser abschrecken, enthäuten, die Stängelansätze herausschneiden und Tomaten in Scheiben schneiden.

3 Schinken in kleine Würfel schneiden. Eier mit Sahne verschlagen und mit Salz und Pfeffer würzen. Schnittlauch und Petersilie abspülen, trockentupfen und fein schneiden.

4 Eine Schicht Tomatenscheiben in eine gefettete, flache Auflaufform geben, mit Salz, Pfeffer, Schnittlauch und Petersilie (von den Kräutern 1 Esslöffel für den Quark zurücklassen) bestreuen und die Hälfte der Schinkenwürfel darüber geben. Die Nudeln darauf geben, dann die restlichen Schinkenwürfel und Tomatenscheiben einschichten.

5 Die Eier-Sahne-Masse darüber verteilen. Die Form auf dem Rost in den Backofen schieben und den Auflauf backen, bis die Eiermasse gestockt ist.

Ober-/Unterhitze:
etwa 200 °C (vorgeheizt)
Heißluft: etwa 180 °C
(nicht vorgeheizt)
Gas: Stufe 3–4 (nicht vorgeheizt)
Backzeit: 30–40 Min.

6 Frühlingsquark mit den restlichen Kräutern verrühren, kleine Kleckse davon auf den Auflauf geben und sofort servieren.

Tipp

Nach Belieben die beiden Nudelsorten getrennt kochen und abwechselnd mit den anderen Zutaten dachziegelartig in die Auflaufform schichten.

Überbackene Zucchini

Foto
Zubereitungszeit: 45 Min.

Pro Portion:
E: 37 g, F: 62 g, Kh: 6 g,
kJ: 3253, kcal: 777

- 6 EL Olivenöl
- 600 g Gehacktes (halb Rind-, halb Schweinefleisch)
- Salz
- frisch gemahlener Pfeffer
- 1–2 TL Paprika edelsüß
- 600 g Zucchini
- 2 Knoblauchzehen
- 4 mittelgroße Tomaten
- gerebelter Oregano
- 100 g geriebener, mittelalter Gouda-Käse

1 Zwei Esslöffel Öl erhitzen. Das Gehackte unter Rühren darin anbraten, dabei die Klümpchen mit einer Gabel zerdrücken. Mit Salz, Pfeffer und Paprika würzen.

2 Zucchini waschen, trockentupfen, Enden abschneiden und Zucchini der Länge nach halbieren. Das restliche Öl erhitzen, die Zucchinihälften auf der Schnittfläche darin anbraten und herausnehmen. Die Zucchini mit einem Löffel aushöhlen, so dass ein etwa ½ cm breiter Rand stehen bleibt.

3 Das Fruchtfleisch klein schneiden und mit dem Gehackten vermengen. Knoblauch abziehen, durch die Presse drücken und unterrühren. Mit Salz, Pfeffer und Paprika abschmecken.

Die Masse in die Zucchinihälften füllen und in eine gefettete, flache Auflaufform setzen.

4 Tomaten waschen, Stängelansätze herausschneiden, Tomaten in Scheiben schneiden und auf die Zucchinihälften verteilen. Mit Salz, Pfeffer und Oregano bestreuen. Den Gouda darüber verteilen. Die Form auf dem Rost in den Backofen schieben.

Ober-/Unterhitze:
etwa 200 °C (vorgeheizt)
Heißluft: etwa 180 °C (vorgeheizt)
Gas: Stufe 3–4 (vorgeheizt)
Backzeit: etwa 20 Min.

Kartoffelauflauf

Zubereitungszeit: 70 Min.

Pro Portion:
E: 45 g, F: 58 g, Kh: 61 g
kJ: 4142, kcal: 988

- 1 kg Kartoffeln
- 4 hart gekochte Eier
- 2 Mettenden (Räucherwürstchen)
- Salz
- 300 g saure Sahne
- 3 gestr. EL Semmelbrösel
- 40 g Butter

1 Kartoffeln waschen, in Wasser zum Kochen bringen, in 20–25 Minuten gar kochen lassen, sofort pellen und erkalten lassen.

2 Eier pellen. Eier, Kartoffeln und Rauchenden in Scheiben schneiden und abwechselnd lagenweise in eine gefettete Auflaufform füllen. Dabei die Kartoffel- und Eierscheiben jeweils mit Salz bestreuen. Die oberste Schicht sollte aus Kartoffeln bestehen.

3 Saure Sahne verrühren und über die Kartoffeln geben. Den Auflauf mit Semmelbröseln bestreuen. Butter in Flöckchen darauf setzen.

Ober-/Unterhitze:
etwa 200 °C (vorgeheizt)
Heißluft: etwa 180 °C
(nicht vorgeheizt)
Gas: Stufe 3–4 (nicht vorgeheizt)
Backzeit: 30–40 Min.

Nudelauflauf „Quattro Formaggio"

Zubereitungszeit: 75 Min.

Pro Portion:
E: 34 g, F: 73 g, Kh: 58 g,
kJ: 4564, kcal: 1091

- **250 g Röhrennudeln (Rigata)**
- **1 Zwiebel**
- **2 Knoblauchzehen**
- **50 g Butter**
- **25 g Weizenmehl**
- **125 ml (⅛ l) Weißwein**
- **200 ml Schlagsahne**
- **125 g Mozzarella-Käse**
- **100 g Höhlenkäse**
- **250 g Mascarpone**
- **75 g geriebener Parmesan-Käse**
- **Salz**
- **frisch gemahlener Pfeffer**
- **Paprikapulver edelsüß**
- **1 Topf Basilikum**
- **250 g Cocktailtomaten**
- **250 g Zucchini**

1 Nudeln in reichlich kochendem Salzwasser nach Packungsanleitung bissfest kochen. Nudeln dann in einem Sieb abtropfen lassen und warm stellen.

2 Zwiebel und Knoblauch abziehen und würfeln. Butter zerlassen. Zwiebel- und Knoblauchwürfel darin andünsten. Mehl darüber stäuben und unter Rühren darin so lange erhitzen, bis das Mehl hellgelb ist.

3 Weißwein und Sahne hinzugießen und mit einem Schneebesen durchschlagen, dabei darauf achten, dass keine Klümpchen entstehen. Alles unter Rühren zum Kochen bringen.

4 Mozzarella abtropfen lassen und in Stücke schneiden. Höhlenkäse ebenfalls in Stücke schneiden und mit Mozzarella, Parmesan und Mascarpone unter die Weißwein-Sahne rühren, bis der Käse geschmolzen ist. Die Sauce dann mit Salz, Pfeffer und Paprikapulver würzen.

5 Basilikum kalt abspülen, trockentupfen und die Blättchen von den Stängeln zupfen. Cocktailtomaten waschen, abtropfen lassen und die Stängelansätze herausschneiden. Größere Tomaten halbieren.

6 Zucchini waschen, abtrocknen, die Enden abschneiden, die Zucchini halbieren und in Scheiben schneiden.

7 Nudeln mit Zucchini, Tomaten und Basilikum (einige Blättchen zum Garnieren zurücklassen) mischen und in eine flache Auflaufform geben. Die Käsesauce darauf verteilen. Die Form auf dem Rost in den Backofen schieben.

Ober-/Unterhitze:
etwa 200 °C (vorgeheizt)
Heißluft: etwa 180 °C (vorgeheizt)
Gas: Stufe 3–4 (vorgeheizt)
Garzeit: etwa 25 Min.

8 Den Auflauf vor dem Servieren mit den zurückgelassenen Basilikumblättchen garnieren.

Tipp
Dazu einen Blattsalat servieren.
Sie können nach Belieben auch andere Käsesorten verwenden,
z. B. Emmentaler, Edamer oder Gouda.

Gefüllte Kartoffeln vom Blech

Zubereitungszeit: 65 Min.

Pro Portion:
E: 29 g, F: 22 g, Kh: 78 g,
kJ: 2721, kcal: 649

- ■ **8 große Kartoffeln (je 150 g)**
- ■ **4 Vollkornzwiebäcke**
- ■ **4 Tomaten**
- ■ **2 Frühlingszwiebeln**
- ■ **200 g Gouda-Käse**
- ■ **1 Ei**
- ■ **Salz**
- ■ **frisch gemahlener Pfeffer**
- ■ **1 EL gehackte Petersilie**

1 Kartoffeln unter fließendem kalten Wasser gründlich abbürsten, in Salzwasser zum Kochen bringen und in 20–25 Minuten gar kochen lassen.

2 In der Zwischenzeit Zwiebäcke zerbröseln. Dazu die Zwiebäcke in einen Gefrierbeutel geben, den Beutel verschließen und die Zwiebäcke mit einer Teigrolle zerdrücken.

3 Tomaten kurze Zeit in kochendes Wasser legen (nicht kochen lassen), in kaltem Wasser abschrecken, enthäuten, die Stängelansätze herausschneiden, die Tomaten vierteln, entkernen und das Fruchtfleisch würfeln.

4 Frühlingszwiebeln putzen, waschen, halbieren und fein schneiden. Gouda in Würfel schneiden.

5 Ei verquirlen und mit Zwiebackbröseln, Tomatenwürfeln, Frühlingszwiebeln und Gouda vermischen. Mit Salz und Pfeffer würzen und Petersilie unterrühren.

6 Die garen Kartoffeln abgießen, abdämpfen, etwas abkühlen lassen, jeweils einen Deckel abschneiden und die Kartoffeln aushöhlen.

7 Das Kartoffelinnere zerdrücken und unter die Füllung mischen. Die Kartoffeln damit füllen und auf ein gefettetes Backblech setzen. Das Backblech in den Backofen schieben.

Ober-/Unterhitze:
etwa 200 °C (vorgeheizt)
Heißluft: etwa 180 °C (vorgeheizt)
Gas: etwa Stufe 4 (vorgeheizt)
Backzeit: etwa 20 Min.

■ **Abwandlung:**
Für eine nicht-vegetarische Variante die Kartoffeln wie oben angegeben kochen und aushöhlen. Die Hälfte der augehöhten Kartoffelmasse mit 150 g TK-Balkangemüse vermischen. 200 g Kochschinken würfeln und unterheben. 250 g Crème fraîche mit 1 Ei und 1 Esslöffel gehackter Petersilie verrühren, mit Salz und frisch gemahlenem Pfeffer abschmecken, mit der Gemüse-Schinken-Masse vermengen, die Kartoffeln damit füllen und wie oben angegeben backen.

Ob als Beilage oder Haupt-
gericht, hier finden Sie
Salate für jede Gelegenheit
und jeden Geschmack.

Aus der Salatschüssel

Nudel-Pesto-Salat

Zubereitungszeit: 20 Min., ohne
Durchziehzeit

Pro Portion:
E: 14 g, F: 42 g, Kh: 45 g,
kJ: 2693, kcal: 643

- **250 g Schmetterlingsnudeln**
  (Farfalle)
- **Salzwasser**
- **2 EL Olivenöl**
- **etwa 150 g Basilikum-Pesto**
  (fertig gekauft)
- **5 Tomaten**
- **3 EL Olivenöl**
- **Salz**
- **frisch gemahlener Pfeffer**

1 Nudeln in reichlich kochendes Salzwasser geben, Öl hinzufügen und
die Nudeln nach Packungsanleitung bissfest kochen. Die garen Nudeln auf ein
Sieb geben, mit kaltem Wasser übergießen, gut abtropfen lassen und sofort
mit dem Pesto vermischen.

2 Tomaten kurze Zeit in kochendes
Wasser legen (nicht kochen lassen),
in kaltem Wasser abschrecken, enthäuten, die Stängelansätze herausschneiden,
Tomaten entkernen und in Streifen
schneiden.

3 Die Tomatenstreifen mit Öl unter
die Nudel-Pesto-Mischung rühren,
mit Salz und Pfeffer würzen und bis zum
Verzehr etwas durchziehen lassen.

Tipp

Sie können den Salat ganz einfach verändern, indem Sie
zusätzlich noch schwarze Oliven, in Streifen geschnittenen
gekochten Schinken, Rucola oder Fetakäsewürfel unterheben.

Fruchtiger Eisbergsalat

Foto
Zubereitungszeit: 20 Min.

Pro Portion:
E: 3 g, F: 20 g, Kh: 35 g,
kJ: 1468, kcal: 351

- 1 kleiner Kopf Eisbergsalat
- 1 kleine Dose Mandarinen (Abtropfgewicht 175 g)
- 1 kleine Dose Ananasringe (Abtropfgewicht 340 g)
- 250 g blaue Weintrauben

Für die Sauce:
- 250 ml (¼ l) Schlagsahne
- Saft von 1 Zitrone

- etwas Zucker
- Salz
- frisch gemahlener Pfeffer
- etwas Currypulver

1 Eisbergsalat putzen, vierteln, in Streifen schneiden, waschen und gut abtropfen lassen oder trockenschleudern.

2 Mandarinen und Ananas in ein Sieb geben und abtropfen lassen. Ananas in Stücke schneiden. Weintrauben waschen, abtrocknen, halbieren und entkernen. Die Salatzutaten in eine Schüssel geben.

3 Für die Sauce Sahne mit Zitronensaft halb steif schlagen und mit Zucker, Salz, Pfeffer und Currypulver würzen. Die Sauce vorsichtig mit den Salatzutaten vermischen. Den Salat sofort servieren.

- **Abwandlung:**
Evtl. zusätzlich gewürfelten Blauschimmelkäse oder gehobelte Walnusskerne unterheben.

Chinakohlsalat mit Frischkäse

Zubereitungszeit: 25 Min.

Pro Portion:
E: 10 g, F: 11 g, Kh: 12 g,
kJ: 831, kcal: 199

- 600 g Chinakohl
- 1 Dose Mandarinen (Abtropfgewicht 175 g)
- 100 g gekochter Schinken

Für die Sauce:
- 100 g Kräuterfrischkäse
- 4 EL Schlagsahne
- 4 EL Mandarinensaft
- Salz
- 1 Prise Zucker

- frisch gemahlener Pfeffer
- 1 EL gemischte, gehackte Kräuter, z. B. Basilikum, Petersilie, Schnittlauch

1 Chinakohl putzen, halbieren und den Strunk herausschneiden. Den Kohl in schmale Streifen schneiden, waschen und gut abtropfen lassen oder trockenschleudern.

2 Mandarinen in ein Sieb geben und abtropfen lassen, dabei den Saft auffangen. Schinken in Streifen schneiden.

3 Für die Sauce Frischkäse mit Sahne und Mandarinensaft verrühren und mit Salz, Zucker und Pfeffer würzen. Die Kräuter unterrühren.

4 Die Sauce mit den Salatzutaten in einer Schüssel vermischen und den Salat sofort servieren.

Tzatziki-Kartoffelsalat

Zubereitungszeit: 25 Min., ohne Durchziehzeit

Pro Portion:
E: 13 g, F: 7 g, Kh: 29 g,
kJ: 1038, kcal: 247

- **600 g fest kochende Kartoffeln**
- **250 g Tzatziki (fertig gekauft)**
- **½ Salatgurke (etwa 300 g)**
- **Salz**
- **2 kleine Zwiebeln**
- **2–3 Knoblauchzehen**
- **etwa 15 entsteinte, schwarze Oliven**
- **100 g Schafskäse**
- **frisch gemahlener Pfeffer**

1 Kartoffeln waschen, zugedeckt in Wasser zum Kochen bringen und in 20–25 Minuten gar kochen lassen. Die garen Kartoffeln abgießen, abschrecken, etwas abkühlen lassen, pellen und erkalten lassen.

2 Die kalten Kartoffeln in dünne Scheiben schneiden, mit dem Tzatziki vermengen und etwas durchziehen lassen.

3 Die Gurke waschen, die Enden abschneiden, die Gurke grob raspeln, mit Salz bestreuen und etwa 15 Minuten stehen lassen.

4 Zwiebeln und Knobauch abziehen, in Würfel schneiden und unter die Kartoffeln heben. Oliven in Streifen und Schafskäse in Würfel schneiden.

5 Die Gurkenraspel gut ausdrücken, mit Oliven und Schafskäse unter den Salat heben und den Salat mit Salz und Pfeffer abschmecken.

Tipp

Wenn Sie kein gekauftes Tzatziki verwenden wollen, können Sie die Zwiebel- und Knoblauchwürfel in 100 ml kochende, kräftige Gemüsebrühe geben und 2–3 Minuten kochen lassen. Dann alles über die vorbereiteten Kartoffelscheiben geben und etwas durchziehen lassen. Oliven, Schafskäse und gut ausgedrückte Gurkenraspel mit 150 g Naturjoghurt (oder halb Joghurt, halb Crème fraîche) unterrühren und den Salat mit Salz und Pfeffer abschmecken.

- **Beilage:**
Fladenbrot.

Schichtsalat mit Thunfischsauce

4–6 Portionen
Zubereitungszeit: 15 Min.

Pro Portion:
E: 12 g, F: 26 g, Kh: 7 g,
kJ: 1379, kcal: 329

Für die Salatsauce:
- **1 Glas (150 g) Thunfisch-Filet in Olivenöl**
- **4 EL Naturjoghurt**
- **6–8 EL Gemüsebrühe**
- **4–5 EL Olivenöl**
- **2–4 TL Zitronensaft**
- **Salz**
- **frisch gemahlener Pfeffer**

- **1 Pck. (200 g) gemischter Blattsalat, z. B. Lollo Rosso, Radicchio, Endiviensalat (aus der Kühltheke)**
- **½ Salatgurke (etwa 250 g)**
- **1 kleine Dose Gemüsemais (Abtropfgewicht 115 g)**
- **3 Tomaten**
- **2–3 hart gekochte Eier**
- **evtl. 1 EL Kapern**

1 Für die Salatsauce Thunfisch mit dem Öl aus dem Glas, Joghurt, Brühe, Öl und Zitronensaft pürieren und mit Salz und Pfeffer kräftig abschmecken.

2 Den gemischten Blattsalat evtl. waschen und gut abtropfen lassen. Gurke waschen, längs halbieren und in Scheiben schneiden. Mais auf einem Sieb abtropfen lassen.

3 Tomaten waschen, die Stängelansätze entfernen und Tomaten in Scheiben schneiden. Eier pellen und in Scheiben schneiden.

4 Die vorbereiteten Zutaten in eine Glasschüssel schichten (die erste und die letzte Schicht sollte Blattsalat sein), dabei die Schichten nach Belieben mit Pfeffer und Salz bestreuen und jeweils etwas von der Sauce darauf verteilen. So fortfahren, bis die Salatzutaten verbraucht sind. Die restliche Sauce darauf verteilen.

5 Nach Belieben Kapern abtropfen lassen, hacken und auf den Salat geben.

Tipp

Der Salat kann auch schon einen Tag vor dem Verzehr zubereitet werden, dann die einzelnen Schichten nicht würzen. Den Salat mit Klarsichtfolie zudecken und kalt stellen.

Sie können nach Belieben auch zusätzlich in Streifen geschnittenen Bratenaufschnitt oder gekochten Schinken mit einschichten.

Anstelle des Thunfischfilets in Olivenöl können Sie auch 1 Dose Thunfisch in Öl (180 g) verwenden.

Beilage:
Fladenbrot.

Eiersalat

Foto
Zubereitungszeit: 30 Min.

Pro Portion:
E: 19 g, F: 23 g, Kh: 10 g,
kJ: 1421, kcal: 340

- 8 Eier
- 3 Fleischtomaten
- 30 g Kapern
- 4 Frühlingszwiebeln

Für die Sauce:
- 2 TL Dijon-Senf
- 2 TL Zitronensaft
- 100 ml Schlagsahne
- 1 EL Salatmayonnaise
- Salz
- 1 Prise Zucker
- frisch gemahlener Pfeffer
- Basilikumblättchen

1 Eier hart kochen, pellen, achteln und etwas abkühlen lassen. Tomaten waschen, abtrocknen, die Stängelansätze herausschneiden und die Tomaten in Würfel schneiden. Kapern abtropfen lassen.

2 Frühlingszwiebeln putzen, waschen und in feine Ringe schneiden. Eier, Tomatenwürfel, Kapern und Frühlingszwiebelringe auf einer Platte anrichten.

3 Für die Sauce Senf, Zitronensaft und Sahne gut verschlagen. Mayonnaise unterrühren. Mit Salz, Zucker und Pfeffer würzen und über die Salatzutaten geben. Den Salat mit Basilikumblättchen bestreut servieren.

Tipp
Dazu passt kräftiges Bauernbrot und Bier.

Kartoffel-Linsen-Salat

4–6 Portionen
Zubereitungszeit: 40 Min., ohne Durchziehzeit

Pro Portion:
E: 35 g, F: 37 g, Kh: 82 g,
kJ: 3567, kcal: 852

- 800 g fest kochende Kartoffeln
- 4 mittelgroße Zwiebeln
- 5 EL Essig
- 1 geh. EL körniger Senf
- 200 ml Wasser
- Salz
- frisch gemahlener Pfeffer
- 125 ml (⅛ l) Speiseöl
- 1 Dose Linsen mit Suppengrün (Abtropfgewicht 530 g)
- 200 g Fleischwurst
- 2 Frühlingszwiebeln
- 1 Bund Schnittlauch

1 Kartoffeln waschen, in Salzwasser zum Kochen bringen und in 20–25 Minuten gar kochen lassen. Die Kartoffeln dann abgießen, etwas abkühlen lassen, pellen, in Scheiben schneiden und in eine Schüssel geben.

2 Zwiebeln abziehen, halbieren und in Streifen schneiden. Essig mit Senf, Wasser, Salz und Pfeffer in einen Topf geben und zum Kochen bringen. Die Zwiebelstreifen hineingeben und 2–3 Minuten kochen lassen. Öl unterrühren und alles über die Kartoffeln geben.

3 Linsen in ein Sieb geben und abtropfen lassen. Fleischwurst in Streifen schneiden. Frühlingszwiebeln putzen, waschen und in feine Ringe schneiden. Schnittlauch kalt abspülen, trockentupfen und in feine Röllchen schneiden.

(Fortsetzung Seite 124)

4 Linsen, Wurststreifen, Frühlings-zwiebelringe und Schnittlauchröll-chen zu den Kartoffeln geben, alles mit-einander vermengen und etwa 60 Minuten durchziehen lassen.

5 Den Salat vor dem Servieren evtl. nochmals mit den Gewürzen abschmecken.

Tipp

Wer mag, kann zusätzlich noch 1 Bund klein geschnittene Petersilie hinzufügen.

Thunfisch-Bohnen-Schichtsalat

Zubereitungszeit: 45 Min., ohne Durchziehzeit

Pro Portion:
E: 36 g, F: 27 g, Kh: 55 g,
kJ: 2702, kcal: 646

- **150 g TK-grüne-Bohnen**
- **4 Eier**
- **1 Dose Kidneybohnen (Abtropfgewicht 255 g)**
- **1 Dose weiße Bohnen (Abtropfgewicht 250 g)**
- **1 Dose Thunfisch in Öl (Abtropfgewicht 150 g)**
- **2–3 gekochte Pellkartoffeln**
- **2 mittelgroße, rote Zwiebeln**

Für die Sauce:
- **150 g Naturjoghurt**
- **1 geh. EL Salatmayonnaise**
- **2 EL Tomatenketchup**
- **2 EL Olivenöl**
- **Salz**
- **frisch gemahlener Pfeffer**
- **etwas Zucker**

1 Grüne Bohnen nach Packungsan-leitung bissfest garen. Sie dann in ein Sieb geben, abtropfen und abkühlen lassen.

2 Eier hart kochen, pellen, vierteln und etwas abkühlen lassen.

3 Kidneybohnen und weiße Bohnen getrennt in ein Sieb geben, kalt abspülen und abtropfen lassen. Thun-fisch ebenfalls abtropfen lassen.

4 Kartoffeln pellen und in Scheiben schneiden. Zwiebeln abziehen, hal-bieren und in feine Streifen schneiden.

5 Für die Sauce Joghurt, Mayonnaise Tomatenketchup und Öl verrühren und mit Salz, Pfeffer und Zucker würzen.

6 Die Salatzutaten in ein hohes Glas schichten, dabei die Kartoffel- und Eierschicht jeweils mit etwas Salz bestreuen.

7 Nach jeder vierten Schicht etwas von der Sauce auf die Zutaten geben. Die restliche Sauce auf die Salat-oberfläche geben. Den Salat etwa 1 Stunde durchziehen lassen.

Tassensalat

Zubereitungszeit: 25 Min., ohne Durchziehzeit

Pro Portion:
E: 8 g, F: 15 g, Kh: 12 g,
kJ: 925, kcal: 221

- **1 Tasse gewürfelte Äpfel (entspricht etwa 2 kleinen Äpfeln)**
- **1 Tasse gewürfelte Gewürzgurken (entspricht etwa 2 großen Gewürzgurken)**
- **1 Tasse gewürfelte Ananas (aus der Dose, entspricht etwa 3 Ringen)**
- **1 Tasse gewürfelte Zwiebeln (entspricht etwa 2 Stück)**
- **1 Tasse Selleriestreifen (aus dem Glas, entspricht etwa 100 g)**
- **1 Tasse Fleischsalat (fertig gekauft, etwa 125 g)**
- **1 Tasse Schlagsahne (entspricht etwa 140 ml)**
- **Salz**
- **frisch gemahlener Pfeffer**
- **Currypulver**
- **etwas Gewürzgurkenflüssigkeit**

1 Die Salatzutaten vorbereiten, abmessen und in einer Schüssel gut vermischen. Mit Salz, Pfeffer, Curry und etwas Gewürzgurkenflüssigkeit würzen und gut durchziehen lassen.

2 Den Salat evtl. vor dem Servieren nochmals mit den Gewürzen abschmecken.

Heringssalat

6 Portionen
Zubereitungszeit: 30 Min., ohne Gar- und Durchziehzeit

Pro Portion:
E: 8 g, F: 22 g, Kh: 24 g,
kJ: 1419, kcal: 339

- **2 dicke Rote Bete**
- **etwa 12 Matjesfilets**
- **3 mittelgroße Gewürzgurken**
- **2 mittelgroße Äpfel**

Für die Salatsauce:
- **150 ml Himbeersirup**
- **Saft von 1 Zitrone**
- **75 ml Weißweinessig**
- **75 ml Speiseöl**
- **Salz**
- **frisch gemahlener Pfeffer**

1 Rote Bete waschen, putzen, in Wasser zum Kochen bringen und in 1–1½ Stunden gar kochen. Die Rote Bete in dem Wasser abkühlen lassen. Sie dann schälen und in kleine Würfel schneiden.

2 Matjesfilets evtl. wässern und klein würfeln. Gewürzgurken in Würfel schneiden. Äpfel schälen, vierteln, entkernen und würfeln.

3 Für die Salatsauce Himbeersirup, Zitronensaft, Essig, Öl, Salz und Pfeffer gut verrühren, mit den Salatzutaten gut vermischen und mehrere Stunden durchziehen lassen. Den Salat evtl. nochmals mit den Gewürzen abschmecken.

Tipp
Sie können den Heringssalat auch portionsweise einfrieren.

Beim Dessert sind sich alle einig: Es ist und bleibt das „i-Tüpfelchen" nach einem guten Essen.

Stracciatella-Joghurt-Bällchen mit Erdbeeren

Zubereitungszeit: 25 Min., ohne Kühlzeit

Pro Portion:
E: 9 g, F: 28 g, Kh: 43 g, kJ: 1994, kcal: 477

Für die Erdbeeren:
- **500 g Erdbeeren**
- **30 g Zucker**
- **3–4 EL Orangensaft**

Für die Stracciatella-Joghurt-Bällchen:
- **5 Blatt weiße Gelatine**
- **1 Glas (500 g) Vanillejoghurt**
- **250 ml (¼ l) Schlagsahne**
- **50 g Raspelschokolade**

1 Für die Erdbeeren Erdbeeren waschen, gut abtropfen lassen, entstielen und halbieren oder vierteln. Die Erdbeeren vorsichtig mit Zucker und Orangensaft vermischen und bis zur weiteren Verwendung durchziehen lassen.

2 Für die Stracciatella-Joghurt-Bällchen Gelatine in kaltem Wasser nach Packungsanleitung einweichen. Gelatine leicht ausdrücken, in einem kleinen Topf unter Rühren erwärmen (nicht kochen lassen), bis sie völlig gelöst ist. Gelatine etwas abkühlen lassen und mit etwas von dem Joghurt verrühren, dann unter den restlichen Joghurt rühren.

3 Sahne steif schlagen und mit der Raspelschokolade unterrühren. Die Creme kalt stellen, bis sie fest geworden ist.

4 Die Creme mit Hilfe eines Eisportionierers zu Kugeln formen und mit den Erdbeeren auf Desserttellern oder -schälchen anrichten.

- **Abwandlung:**
Anstelle der Erdbeeren können Sie auch 1 Dose Cocktailfrüchte (Abtropfgewicht 250 g) verwenden.

Apfel-Zwieback-Traum

Foto
Zubereitungszeit: 20 Min.

Pro Portion:
E: 17 g, F: 50 g, Kh: 56 g,
kJ: 3341, kcal: 799

- 6 Zwiebäcke mit Schokoladenüberzug
- 250 g Mascarpone
- 250 g Speisequark
- 100 g Zucker
- 125 ml (⅛ l) Milch
- 250 ml (¼ l) Schlagsahne
- 4 EL Calvados
- 1 Glas (360 g) Apfelkompott (mit Stücken)
- etwa 30 g Kakaopulver

1 Zwiebäcke in kleine Stücke brechen. Mascarpone und Quark mit Zucker und Milch verrühren. Sahne steif schlagen und unterheben.

2 Etwas von den Zwiebackstücken in eine hohe Glasschüssel geben und mit etwas Calvados beträufeln. Erst etwas Apfelkompott, dann etwas von der Mascarpone-Quark-Mischung darauf schichten.

3 In dieser Reihenfolge fortfahren, bi die Zutaten verbraucht sind. Die letzte Schicht sollte Mascarpone-Quark-Mischung sein. Die Oberfläche mit Kakao bestäuben.

■ Abwandlung:

Für eine Variante ohne Alkohol können Sie anstelle von Calvados Apfelsaft zum Beträufeln verwenden.

Tipp

Besonders edel sieht es aus, wenn Sie die Zutaten in 4 Weingläser schichten.

Dickmilch-Himbeer-Speise

4–6 Portionen
Zubereitungszeit: 25 Min., ohne Kühlzeit

Pro Portion:
E: 6 g, F: 4 g, Kh: 29 g,
kJ: 741, kcal: 178

- 450 g TK-Himbeeren
- 6 Blatt weiße Gelatine
- 500 g Dickmilch
- 75 g gesiebter Puderzucker
- 2 EL Zitronensaft

1 Himbeeren etwas antauen lassen. Gelatine in kaltem Wasser nach Packungsanleitung einweichen. Dickmilch mit 50 g Puderzucker und Zitronensaft verrühren.

2 Gelatine leicht ausdrücken, in einem kleinen Topf unter Rühren erwärmen (nicht kochen lassen), bis sie völlig gelöst ist. Gelatine etwas abkühlen lassen und mit etwas von der Dickmilchmischung verrühren, dann unter die restliche Dickmilchmischung rühren.

3 Die Hälfte der Himbeeren mit dem restlichen Puderzucker pürieren, nach Belieben durch ein Sieb streichen und als Sauce beiseite stellen.

4 Sobald die Dickmilchmasse anfäng zu gelieren, die restlichen Himbeeren unterrühren und die Masse in 4–6 Förmchen oder Tassen geben. Die Förmchen oder Tassen etwa 2 Stunden kalt stellen, bis die Masse fest geworden ist.

5 Die Förmchen kurz in heißes Wasser tauchen, den Rand evtl. mit einem schmalen Messer vorsichtig lösen und die Speise auf Dessertteller stürzen. Mit den pürierten Himbeeren als Sauce servieren.

■ Abwandlung:

Anstelle von Himbeeren können Sie die Speise auch mit Erdbeeren oder Heidelbeeren zubereiten.

Zebracreme

Foto
Zubereitungszeit: 10 Min.

Pro Portion:
E: 8 g, F: 26 g, Kh: 29 g,
kJ: 1637, kcal: 391

- 1 Pck. Galetta Vanille-Geschmack (Vanille-Cremepulver ohne Kochen)
- 500 ml (½ l) Milch
- 250 ml (¼ l) Schlagsahne
- 150 g Naturjoghurt
- 1 EL (15 g) Kakaopulver

1 Galetta mit Milch und Sahne in eine Rührschüssel geben und mit Handrührgerät mit Rührbesen 1 Minute aufschlagen. Joghurt unterrühren. Die Hälfte der Masse in eine zweite Schüssel geben und den Kakao unterrühren.

2 Zunächst 2 Teelöffel des hellen Puddings in die Mitte eines von

Tipp

Einfacher gehts, wenn Sie den hellen und dunklen Pudding abwechselnd in Portionsgläser schichten. Sie können die Creme auch in eine grosse Glasschüssel füllen, dann anstelle von Teelöffeln Esslöffel verwenden und den Vorgang wiederholen, bis der Pudding aufgebraucht ist.

4 Portionsschälchen geben und etwas flach drücken. Darauf (nicht daneben!) abwechselnd je 1–2 Teelöffel von dem dunklen und dem hellen Pudding geben und etwas flach drücken. Die Masse nicht glatt streichen. Die übrigen Schälchen auf dieselbe Weise befüllen.

Marmorierte Erdbeercreme

Zubereitungszeit: 15 Min.

Pro Portion:
E: 3 g, F: 13 g, Kh: 27 g,
kJ: 1027, kcal: 246

- 150 ml Milch
- 150 ml Schlagsahne
- 1 Pck. Paradiescreme Erdbeer-Geschmack (Cremepulver ohne Kochen)
- 300 g Erdbeeren
- 1 EL gesiebter Puderzucker
- 1 EL Zitronensaft

1 Milch und Sahne in einen hohen, schmalen Rührbecher geben. Das Cremepulver hinzufügen und mit Handrührgerät mit Rührbesen auf niedrigster Stufe kurz verrühren. Das Ganze dann auf höchster Stufe etwa 3 Minuten cremig schlagen. Die Paradiescreme in Dessertgläser oder eine Glasschale füllen.

2 Erdbeeren waschen, abtropfen lassen, entstielen, putzen und in kleine Stücke schneiden. Die Erdbeeren mit Puderzucker pürieren und mit dem Zitronensaft verrühren.

3 Das Erdbeermus ganz locker unter die Paradiescreme heben, so dass es als Streifen sichtbar bleibt. Bis zum Verzehr in den Kühlschrank stellen.

Kokos-Kirsch-Tiramisu

Foto – 6–8 Portionen
Zubereitungszeit: 20 Min., ohne Kühlzeit

Pro Portion:
E: 13 g, F: 22 g, Kh: 36 g,
kJ: 1866, kcal: 445

- 6–8 Kokoszwiebäcke
- 1 EL Zucker
- 3 EL Wasser
- 11 EL Batida de Coco (Kokoslikör)
- 1 Becher (500 g) Kirschgrütze (aus dem Kühlregal)
- 500 g Magerquark
- Saft von 2 Limetten
- 400 ml Schlagsahne
- geröstete Kokosraspel

1 Eine eckige Form mit den Zwiebäcken auslegen. Zucker und Wasser in einem kleinen Topf zum Kochen bringen und kochen lassen, bis sich der Zucker gelöst hat.

2 Fünf Esslöffel Batida de Coco unterrühren und die Flüssigkeit sofort auf den Zwiebäcken verteilen. Die Kirschgrütze darauf geben und glatt streichen.

3 Quark mit dem restlichen Batida de Coco und Limettensaft verrühren. Sahne steif schlagen und unterheben.

4 Die Masse auf der Kirschgrütze verteilen, mit Hilfe eines Esslöffels wellenförmig verzieren und mit Kokosraspeln bestreuen. Die Kokos-Kirsch-Tiramisu bis zum Verzehr einige Stunde kalt stellen.

- **Abwandlung:**

Für eine Variante ohne Alkohol können Sie den Batida de Coco durch 6 Esslöffe Kokossirup ersetzen.

Schokoladen-Tiramisu

6 Portionen
Zubereitungszeit: 25 Min., ohne Durchziehzeit

Pro Portion:
E: 12 g, F: 48 g, Kh: 45 g,
kJ: 2849, kcal: 681

- 200 g Zartbitterschokolade
- 250 ml (¼ l) Schlagsahne
- 1 kleine Dose Aprikosen (Abtropfgewicht 240 g)
- 100–125 g Löffelbiskuits
- 250 g Mascarpone
- 250 g Speisequark
- 150 g Joghurt
- 1 Pck. Vanillin-Zucker
- 30 g Zucker

1 Schokolade in Stücke brechen, mit der Sahne in einen kleinen Topf geben, unter Rühren erhitzen, bis die Schokolade aufgelöst ist und abkühlen lassen.

2 Aprikosen auf einem Sieb abtropfen lassen, dabei den Saft auffanger Löffelbiskuits in eine flache Form geben und mit etwas Aprikosensaft beträufeln.

3 Mascarpone, Quark, Joghurt, Vanillin-Zucker und Zucker mit der Schokosahne verrühren und auf den Löffelbiskuits verteilen. Aprikosen evtl. halbieren und darauf verteilen. Das Tiramisu einige Zeit durchziehen lassen.

Tipp
Nach Belieben die Aprikosen in Spalten schneiden und einen Teil davon mit einschichten.

Quarkspeise "Birne Helene"

Foto
Zubereitungszeit: 15 Min.

Pro Portion:
E: 10 g, F: 10 g, Kh: 29 g,
kJ: 1071, kcal: 256

- 1 kleine Dose Birnenhälften (Abtropfgewicht 240 g)
- 250 g Speisequark
- 150 g Joghurt
- 50 g Zucker
- etwa 125 ml (⅛ l) Milch, Schlagsahne oder Birnensaft
- 4 EL Schokoladensauce (fertig gekauft)

1 Birnen auf einem Sieb abtropfen lassen, dabei den Saft auffangen. Quark, Joghurt, Zucker und Milch, Sahne oder Birnensaft gut verrühren.

2 Die Quarkspeise auf 4 Teller verteilen und die Birnen in die Mitte darauf geben. Mit der Schokoladensauce beträufeln.

TIPP

Wer keine gekaufte Schokoladensauce verwenden möchte, kann auch selbst eine zubereiten. Dazu 100 g Zartbitterschokolade grob zerkleinern und mit 125 ml (1/8 l) Schlagsahne unter Rühren erhitzen, bis die Schokolade aufgelöst ist. Die Sauce etwas abkühlen lassen.

Pina Schokolada

Zubereitungszeit: 25 Min., ohne Kühlzeit

Pro Portion:
E: 9 g, F: 39 g, Kh: 52 g,
kJ: 2552, kcal: 609

- 1 Dose Ananasstücke (Abtropfgewicht 255 g)
- 1 Pck. Pudding-Pulver Schokoladen-Geschmack
- 40 g Zucker
- 350 ml Milch
- 100 ml Schlagsahne

Für die Kokossauce:
- 1 schwach geh. TL Speisestärke
- 150 ml Milch
- 150 ml Schlagsahne
- 100 g weiße Kuvertüre
- 40 g Kokosraspel

1 Ananas auf einem Sieb gut abtropfen lassen und sehr fein schneiden (einige Stücke zum Garnieren zurücklassen).

2 Aus Pudding-Pulver, Zucker, Milch und Sahne nach Packungsanleitung – aber mit den hier angegebenen Zutaten – einen Pudding zubereiten. Die Ananasstücke unterheben, alles in eine kalt aus gespülte Sturzform füllen und mindestens 4 Stunden kalt stellen.

3 Für die Kokossauce Speisestärke mit 3 Esslöffeln Milch glatt rühren Restliche Milch mit Sahne zum Kochen bringen, Speisestärke einrühren und au kochen lassen. Die grob zerkleinerte Kuvertüre darin schmelzen lassen. Kokosraspel unterrühren und die Sauc erkalten lassen.

4 Den Pudding stürzen, mit Ananas stücke garnieren und mit der Kokossauce servieren.

Hier finden Sie die schönsten Torten für festliche Anlässe oder wenn Sie Ihre Gäste einmal besonders verwöhnen wollen.

Mascarpone-Amarena-Torte

Zubereitungszeit: 60 Min.,
ohne Kühlzeit
Backzeit: etwa 25 Min.

Insgesamt:
E: 165 g, F: 397 g, Kh: 421 g,
kJ: 25643, kcal: 6125

Für den Biskuitteig:
- **100 g gemahlene Haselnusskerne**
- **4 Eier (Größe M)**
- **3 EL heißes Wasser**
- **60 g Zucker**
- **50 g Weizenmehl**
- **1 Msp. Backpulver**
- **100 g Schokoladentröpfchen**
- **40 g zerlassene, abgekühlte Butter**

Für die Creme:
- **1 Glas Amarenakirschen (Abtropfgewicht 130 g)**

- **5 Blatt weiße Gelatine**
- **150 ml Milch**
- **50 g Kakaopulver**
- **100 g Zucker**
- **500 g Magerquark**
- **250 g Mascarpone (italienischer Frischkäse)**
- **5 EL Amarenakirschsaft**
- **250 ml (¹/₄ l) Schlagsahne**

Zum Verzieren und Bestreuen:
- **75 g dunkle Kuchenglasur**
- **70 g gehobelte, gebräunte Haselnusskerne**

1 Für den Teig Haselnusskerne in einer Pfanne ohne Fett goldbraun rösten und erkalten lassen.

2 Eier und Wasser mit Handrührgerät mit Rührbesen auf höchster Stufe in 1 Minute schaumig schlagen. Zucker in 1 Minute einstreuen, dann noch etwa 2 Minuten schlagen. Mehl mit Backpulver mischen, auf die Eiercreme sieben und kurz auf niedrigster Stufe unterrühren. Haselnusskerne und Schokotropfen unterrühren. Zuletzt Butter unterrühren.

3 Den Teig in eine Springform (Ø 26 cm, Boden gefettet, mit Backpapier belegt) füllen und glatt streichen. Die Form auf dem Rost in den Backofen schieben. Sofort backen.

Ober-/Unterhitze:
etwa 180 °C (vorgeheizt)
Heißluft: etwa 160 °C (vorgeheizt)
Gas: Stufe 2–3 (vorgeheizt)
Backzeit: etwa 25 Min.

4 Den Boden auf einen Kuchenrost stürzen, das Backpapier abziehen und den Boden erkalten lassen. Den erkalteten Boden einmal waagerecht durchschneiden.

(Fortsetzung Seite 140)

5 Für die Creme Amarenakirschen in einem Sieb gut abtropfen lassen, dabei den Saft auffangen und 5 Esslöffel davon abmessen. Gelatine nach Packungsanleitung in kaltem Wasser einweichen. Milch mit Kakaopulver und Zucker in einem Topf unter Rühren erhitzen, bis der Zucker aufgelöst ist.

6 Gelatine ausdrücken, zu der Kakaomilch geben, darin unter Rühren vollständig auflösen und etwas abkühlen lassen. Quark mit Mascarpone und Kirschsaft verrühren. Die Gelatinelösung unterrühren. Sahne steif schlagen und unterheben. Die Creme kurze Zeit kalt stellen.

7 Den unteren Boden auf eine Tortenplatte legen und einen Tortenring darumstellen. 2/3 der Creme darauf streichen, Kirschen (evtl. halbieren) darauf verteilen, oberen Boden darauf legen und leicht andrücken. Die restliche Creme darauf streichen. Die Torte einige Stunden oder über Nacht kalt stellen.

8 Den Tortenring lösen und den Tortenrand glatt streichen. Kuchenglasur nach Packungsanleitung auflösen, in einen Gefrierbeutel füllen und den Beutel verschließen. Eine kleine Ecke abschneiden und feine Streifen und Punkte auf die Torte spritzen. Den Tortenrand mit Haselnusskernen bestreuen.

■ **Vorbereitungstipp:**
Die Torte kann gut bereits einen Tag vor dem Verzehr zubereitet werden.

Apfeltorte mit Apfelmus

Zubereitungszeit: 40 Min.,
ohne Kühlzeit
Backzeit: 15–20 Min.
je Boden

Insgesamt:
E: 77 g, F: 335 g, Kh: 503 g,
kJ: 23065, kcal: 5511

Für den Rührteig:
■ **250 g Butter oder Margarine**
■ **250 g Zucker**
■ **1 Pck. Vanillin-Zucker**
■ **1 Prise Salz**
■ **5 Eier (Größe M)**
■ **250 g Weizenmehl**
■ **2 gestr. TL Backpulver**

Für die Füllung:
■ **500 g Apfelmus**

Zum Verzieren und Bestreuen:
■ **400 ml Schlagsahne**
■ **2 Pck. Sahnesteif**
■ **2 EL gemahlene, leicht geröstete Haselnusskerne**

1 Für den Teig Butter oder Margarine mit Handrührgerät mit Rührbesen auf höchster Stufe geschmeidig rühren. Nach und nach Zucker, Vanillin-Zucker und Salz unterrühren. So lange rühren, bis eine gebundene Masse entstanden ist. Eier nach und nach unterrühren (jedes Ei etwa 1/2 Minute).

2 Mehl mit Backpulver mischen, sieben und portionsweise auf mittlerer Stufe unterrühren. Den Teig in 4 Portionen teilen, je eine Portion in eine Springform (Ø 26 cm, Boden gefettet) geben und glatt streichen. Die Form auf dem Rost in den Backofen schieben.

Ober-/Unterhitze:
etwa 180 °C (vorgeheizt)
Heißluft: etwa 160 °C (vorgeheizt)
Gas: Stufe 2–3 (vorgeheizt)
Backzeit: 15–20 Min. je Boden.

3 Auf diese Weise 4 Böden backen. Die Böden sofort nach dem Backen vom Springformboden lösen und einzeln auf je einem Kuchenrost erkalten lassen.

4 Für die Füllung 3 Böden mit je 1/3 des Apfelmuses bestreichen. Einen bestrichenen Boden auf eine Tortenplatte legen. Dann die beiden anderen bestrichenen Böden darauf legen. Zuletzt den unbestrichenen Boden darauf legen und leicht andrücken.

5 Sahne mit Sahnesteif steif schlagen und etwas davon in einen Spritzbeutel mit Lochtülle füllen. Tortenrand und -oberfläche mit der übrigen Sahne bestreichen. Die Torte mit der Sahne aus dem Spritzbeutel verzieren und mit Haselnusskernen bestreuen.

■ **Vorbereitungstipp:**
Bereiten Sie die Torte möglichst 1 Tag vor dem Verzehr zu, da sie durchgezogen besonders gut schmeckt.

Italienische Zitrustorte

Zubereitungszeit: 50 Min.,
ohne Kühlzeit
Backzeit: etwa 30 Min.

Insgesamt:
E: 92 g, F: 414 g, Kh: 390 g,
kJ: 24336, kcal: 5816

Zum Vorbereiten:
- **50 g Halbbitter-Kuvertüre**

Für den Rührteig:
- **200 g Butter oder Margarine**
- **80 g Zucker**
- **1 Pck. Finesse Geriebene Zitronenschale**
- **2 EL Zitronenmarmelade**
- **3 Eier (Größe M)**
- **100 g Weizenmehl**
- **1 Pck. Pudding-Pulver Schokoladen-Geschmack**
- **2 gestr. TL Backpulver**

Für die Creme:
- **500 g Mascarpone (italienischer Frischkäse)**
- **250 g Magerquark**
- **1 EL Zitronenmarmelade**
- **50 g Zucker**
- **1 Pck. Vanillin-Zucker**
- **1 Pck. Dessert-Saucen-pulver Vanille-Geschmack (ohne Kochen)**
- **2 EL Zitronensaft**

Zum Bestreuen und Garnieren:
- **Gebäckbrösel (von dem Boden)**
- **evtl. kandierte Orangenscheiben**

1 Zum Vorbereiten Kuvertüre grob hacken, in einem kleinen Topf im Wasserbad bei schwacher Hitze zu einer geschmeidigen Masse verrühren und etwas abkühlen lassen.

2 Für den Teig Butter oder Margarine mit Handrührgerät mit Rührbesen auf höchster Stufe geschmeidig rühren. Nach und nach Zucker und Zitronen-schale unterrühren. So lange rühren, bis eine gebundene Masse entstanden ist. Marmelade ebenfalls unterrühren. Eier nach und nach unterrühren (jedes Ei etwa 1/2 Minute).

3 Kuvertüre unterrühren. Mehl, Pud-ding-Pulver und Backpulver mi-schen, sieben und portionsweise auf mittlerer Stufe unterrühren. Den Teig in eine Springform (Ø 26 cm, Boden gefet-tet, mit Backpapier belegt) füllen und glatt streichen. Die Form auf dem Rost in den Backofen schieben.

Ober-/Unterhitze:
etwa 180 °C (vorgeheizt)
Heißluft: etwa 160 °C (vorgeheizt)
Gas: Stufe 2–3 (vorgeheizt)
Backzeit: etwa 30 Min.

4 Den Boden aus der Form lösen, auf einen mit Backpapier belegten Kuchenrost stürzen, das mitgebackene Backpapier abziehen und den Boden erkalten lassen. Den erkalteten Boden einmal waagerecht durchschneiden, den oberen Boden gerade schneiden. Die dabei anfallenden Gebäckreste zwischen den Händen zerreiben oder mit einem Schneidstab pürieren.

5 Für die Creme Mascarpone, Quark, Marmelade, Zucker, Vanillin-Zucker, Saucenpulver und Zitronensaft mit Handrührgerät mit Rührbesen glatt rühren.

6 Den unteren Boden auf eine Tor-tenplatte legen und einen Torten-ring oder den gesäuberten Springform-rand darumstellen. Etwa die Hälfte der Creme darauf streichen, den oberen Bo-den darauf legen und leicht andrücken. Die Oberfläche mit der restlichen Creme bestreichen und mit Hilfe eines Torten-kamms verzieren. Die Gebäckbrösel da-rauf streuen. Die Torte etwa 2 Stunden kalt stellen.

7 Vor dem Servieren den Tortenring (Springformrand) lösen. Nach Belieben Orangenscheiben klein schnei-den und die Torte damit garnieren.

Tipp
Anstelle von Zitronenmarmelade können Sie auch Orangenmarmelade verwenden.

Fürst-Pückler-Torte

**Zubereitungszeit: 70 Min.,
ohne Kühlzeit
Backzeit: etwa 30 Min.**

**Insgesamt:
E: 104 g, F: 327 g, Kh: 532 g,
kJ: 23666, kcal: 5658**

Für den Knetteig:
- 150 g Weizenmehl
- 1 Msp. Backpulver
- 50 g Zucker
- 1 Pck. Vanillin-Zucker
- 75 g Butter
- 1 Eigelb (Größe M)
- 1 EL Wasser

Für den All-in-Teig:
- 70 g Weizenmehl
- 2 gestr. TL Backpulver
- 50 g Zucker
- 1 Pck. Vanillin-Zucker
- 2 Eier (Größe M)
- 2 EL geschmacksneutrales Speiseöl, z. B. Rapsöl
- 20 g Raspelschokolade

Zum Bestreichen:
- 2 EL Erdbeerkonfitüre

Für die Kakaosahne:
- 250 ml (¼ l) Schlagsahne
- 30 g Zucker
- 1 EL gesiebtes Kakaopulver
- 1 Pck. Sahnesteif

Für die Erdbeer-Joghurt-Sahne:
- 8–10 Blatt weiße Gelatine
- 250 ml (¼ l) Schlagsahne
- 200 g aufgetaute TK-Erdbeeren
- 100 g Zucker
- 2 EL Zitronensaft
- 500 g Naturjoghurt

Zum Verzieren und Garnieren:
- 100 ml Schlagsahne
- 150 g kleine Erdbeeren mit Grün
- 25 g fein gehackte Pistazienkerne

1 Für den Knetteig Mehl mit Backpulver mischen und in eine Rührschüssel sieben. Zucker, Vanillin-Zucker, Butter, Eigelb und Wasser hinzufügen. Die Zutaten mit Handrührgerät mit Knethaken zunächst kurz auf niedrigster, dann auf höchster Stufe gut durcharbeiten.

2 Anschließend auf der leicht bemehlten Arbeitsfläche zu einem glatten Teig verkneten, sollte er kleben, ihn in Folie gewickelt eine Zeit lang kalt stellen.

3 Den Teig auf dem Boden einer Springform (Ø 26 cm, Boden gefettet) ausrollen und mit einer Gabel mehrmals einstechen. Den Springformrand darumlegen. Die Form auf dem Rost in den Backofen schieben.

Ober-/Unterhitze:
etwa 200 °C (vorgeheizt)
Heißluft: etwa 180 °C (vorgeheizt)
Gas: Stufe 3–4 (vorgeheizt)
Backzeit: etwa 15 Min.

4 Den Gebäckboden sofort nach dem Backen vom Springformboden lösen, ihn aber darauf auf einem Kuchenrost erkalten lassen.

5 Für den All-in-Teig Mehl mit Backpulver mischen und in eine Rührschüssel sieben. Zucker, Vanillin-Zucker, Eier und Öl hinzufügen. Die Zutaten mit Handrührgerät mit Rührbesen auf höchster Stufe in etwa 2 Minuten zu einem Teig verarbeiten. Schokolade kurz unterrühren.

6 Den Teig in eine Springform (Ø 26 cm, Boden gefettet, mit Backpapier belegt) füllen und glatt streichen. Die Form auf dem Rost in den Backofen schieben und den Boden **bei der oben angegebenen Backofeneinstellung etwa 15 Minuten** backen.

7 Den Boden auf einen Kuchenrost stürzen, das Backpapier abziehen und den Boden erkalten lassen.

8 Den Knetteigboden auf eine Tortenplatte legen und mit Erdbeerkonfitüre bestreichen. Den All-in-Teig-Boden darauf legen und etwas andrücken.

9 Für die Kakaosahne Sahne mit Zucker, Kakaopulver und Sahnesteif steif schlagen und kuppelartig auf die Mitte des Bodens streichen. Einen Tortenring um die Böden stellen und die Torte kalt stellen.

10 Für die Erdbeer-Joghurt-Sahne Gelatine nach Packungsanleitung in kaltem Wasser einweichen.

(Fortsetzung Seite 146)

Sahne steif schlagen. Erdbeeren pürieren und mit Zucker, Zitronensaft und Joghurt verrühren.

11 Gelatine leicht ausdrücken und in einem kleinen Topf bei schwacher Hitze unter Rühren auflösen. Von der Joghurt-Erdbeer-Masse 2 Esslöffel abnehmen und mit der Gelatine ver-

rühren. Die Gelatinemasse dann zügig unter die restliche Joghurt-Erdbeer-Masse rühren und einige Minuten kalt stellen. Sahne locker unterheben. Die Erdbeer-Joghurt-Sahne vorsichtig in die Form füllen und glatt streichen. Die Torte einige Stunden kalt stellen. Dann den Tortenring entfernen.

12 Zum Verzieren und Garnieren Sahne steif schlagen, in einen Spritzbeutel mit Lochtülle füllen und die Torte damit verzieren. Erdbeeren waschen, gut abtropfen lassen, halbieren und auf die Torte legen. Mit Pistazien bestreuen.

Praliné-Torte

Zubereitungszeit: 50 Min., ohne Kühlzeit
Backzeit: etwa 40 Min.

Insgesamt:
E: 82 g, F: 420 g, Kh: 603 g, kJ: 28486, kcal: 6806

Für den Rührteig:
- **200 g Butter oder Margarine**
- **200 g Zucker**
- **1 Pck. Vanillin-Zucker**
- **1 Fläschchen Rum-Aroma**
- **4 Eier (Größe M)**
- **200 g Weizenmehl**
- **20 g Kakaopulver**
- **2 gestr. TL Backpulver**

Für die Füllung:
- **100 g Zartbitterschokolade**
- **1 Pck. Vanilla Tortencreme**
- **300 ml Milch**
- **200 g weiche Butter**
- **40 ml Weinbrand oder Cognac**

Zum Garnieren:
- **14–16 Pralinen**
- **etwa 40 g Raspelschokolade**

1 Für den Teig Butter oder Margarine mit Handrührgerät mit Rührbesen auf höchster Stufe geschmeidig rühren. Nach und nach Zucker, Vanillin-Zucker und Aroma unterrühren. So lange rühren, bis eine gebundene Masse entstanden ist. Eier nach und nach unterrühren (jedes Ei etwa $1/2$ Minute).

2 Mehl mit Kakaopulver und Backpulver mischen, sieben und portionsweise auf mittlerer Stufe unterrühren. Den Teig in eine Springform (Ø 28 cm, Boden gefettet) füllen und glatt streichen. Die Form auf dem Rost in den Backofen schieben.

Ober-/Unterhitze:
etwa 180 °C (vorgeheizt)
Heißluft: etwa 160 °C
(nicht vorgeheizt)
Gas: Stufe 2–3 (nicht vorgeheizt)
Backzeit: etwa 40 Min.

3 Den Boden aus der Form lösen und auf einem Kuchenrost erkalten lassen. Den erkalteten Boden einmal waagerecht durchschneiden.

4 Für die Füllung Schokolade in Stücke brechen, in einem kleinen Topf im Wasserbad bei schwacher Hitze zu einer geschmeidigen Masse verrühren und etwas abkühlen lassen.

5 Aus Tortencremepulver, Milch und Butter nach Packungsanleitung eine Creme zubereiten. Weinbrand oder Cognac unterrühren. Die abgekühlte Schokolade unter die Buttercreme rühren.

6 Den unteren Boden auf eine Tortenplatte legen und mit knapp der Hälfte der Creme bestreichen. Den oberen Boden darauf legen und leicht andrücken.

7 2–3 Esslöffel der restlichen Creme in einen Spritzbeutel mit Sterntülle füllen. Tortenrand und -oberfläche mit der übrigen Creme bestreichen. Die Tortenoberfläche in 14–16 Stücke teilen, auf jedes Stück einen Cremetupfen setzen und mit einer Praline garnieren. Die Torte mit Raspelschokolade bestreuen.

Cappuccino-Joghurt-Torte

**Zubereitungszeit: 40 Min.,
ohne Kühlzeit**
Backzeit: etwa 30 Min.

Insgesamt:
**E: 82 g, F: 327 g, Kh: 540 g,
kJ: 23350, kcal: 5581**

Für den All-in-Teig:
- **100 g Weizenmehl**
- **30 g Speisestärke**
- **10 g Kakaopulver**
- **3 gestr. TL Backpulver**
- **150 g Zucker**
- **1 Pck. Vanillin-Zucker**
- **1 Prise Salz**
- **3 Eier (Größe M)**
- **1 EL Wasser**
- **125 g Butter
  oder Margarine**
- **30 g Kokosraspel**

Für die Füllung:
- **8 Blatt weiße Gelatine**
- **3 EL Wasser**
- **2 Beutel (je 10 g) Instant-
  Cappuccinopulver**
- **500 g Naturjoghurt**
- **150 g Zucker**
- **1 Dose Aprikosenhälften
  (Abtropfgewicht 240 g)**
- **500 ml (¹/₂ l) Schlagsahne**
- **2 Pck. Vanillin-Zucker**

Zum Garnieren:
- **30 g Mokka-Sahne-
  Schokolade**

1 Für den Teig Mehl mit Speisestärke, Kakao und Backpulver mischen und in eine Rührschüssel sieben. Zucker, Vanillin-Zucker, Salz, Eier, Wasser, Butter oder Margarine und Kokosraspel hinzufügen.

2 Die Zutaten mit Handrührgerät mit Rührbesen auf höchster Stufe in etwa 2 Minuten zu einem Teig verarbeiten. Den Teig in eine Springform (Ø 26 cm, Boden gefettet, mit Backpapier belegt) füllen und glatt streichen. Die Form auf dem Rost in den Backofen schieben.

Ober-/Unterhitze:
etwa 180 °C (vorgeheizt)
Heißluft: etwa 160 °C (vorgeheizt)
Gas: Stufe 2–3 (vorgeheizt)
Backzeit: etwa 30 Min.

3 Den Boden aus der Form lösen, auf einen Kuchenrost stürzen, das Backpapier abziehen und den Boden erkalten lassen. Den erkalteten Boden einmal waagerecht durchschneiden, dabei nach Belieben den oberen Boden etwas dicker schneiden als den unteren. Den unteren Boden auf eine Tortenplatte legen. Einen Tortenring oder den gesäuberten Springformrand darumlegen.

4 Für die Füllung Gelatine in kaltem Wasser nach Packungsanleitung einweichen. Wasser in einem kleinen Topf erhitzen. Cappuccinopulver unterrühren. Gelatine leicht ausdrücken und unter Rühren in dem Cappuccino auflösen. Joghurt mit Zucker und der Cappuccinomischung verrühren und die Mischung kalt stellen. Aprikosen in einem Sieb abtropfen lassen.

5 Wenn die Masse anfängt dicklich zu werden, Sahne mit Vanillin-Zucker steif schlagen und unterheben. Die Hälfte von der Joghurt-Sahne auf den unteren Boden streichen. Aprikosen in Spalten schneiden und darauf verteilen. Den oberen Boden darauf legen, die restliche Joghurt-Sahne darauf verstreichen und die Oberfläche mit Hilfe eines Esslöffels wellenförmig verzieren. Die Torte etwa 2 Stunden kalt stellen.

6 Den Tortenring oder Springformrand entfernen. Schokolade mit einem Sparschäler oder einem Messer zu Röllchen schaben und die Tortenoberfläche damit garnieren.

TIPP
Für den Teig können Sie anstelle von Kokosraspeln auch die gleiche Menge Raspelschokolade verwenden.

- **Vorbereitungstipp:**
  Sie können die Torte bereits einen Tag vor dem Verzehr zubereiten.

Mohntorte mit Marzipan

Zubereitungszeit: 60 Min.
Backzeit: etwa 50 Min.

Insgesamt:
E: 127 g, F: 391 g, Kh: 606 g,
kJ: 27841, kcal: 6652

Für den Biskuitteig:
- 3 Eier (Größe M)
- 3 EL heißes Wasser
- 150 g Zucker
- 1 Pck. Vanillin-Zucker
- 75 g Weizenmehl
- 75 g Speisestärke
- 2 gestr. TL Backpulver
- 50 g zerlassene, abgekühlte Butter

Für den Mohnbelag:
- 3 Eigelb (Größe M)
- 125 g Zucker
- 1 Pck. Finesse Orangenfrucht
- 200 g gemahlener Mohn
- 2 gestr. TL Backpulver
- 3 Eiweiß (Größe M)
- 200 g Marzipan-Rohmasse

Zum Verzieren und Garnieren:
- 4–5 EL Wildpreiselbeeren (aus dem Glas)
- 500 ml (½ l) Schlagsahne
- 2 Pck. Sahnesteif
- 1 TL Zucker
- 1 Pck. Vanillin-Zucker

1 Für den Teig Eier und Wasser mit Handrührgerät mit Rührbesen auf höchster Stufe in 1 Minute schaumig schlagen. Zucker und Vanillin-Zucker mischen, in 1 Minute einstreuen, dann noch etwa 2 Minuten schlagen.

2 Mehl mit Speisestärke und Backpulver mischen, die Hälfte davon auf die Eiercreme sieben und kurz auf niedrigster Stufe unterrühren. Den Rest des Mehlgemisches auf dieselbe Weise unterarbeiten. Zuletzt Butter unterrühren.

3 Den Teig in eine Springform (Ø 26 cm, Boden gefettet, mit Backpapier belegt) füllen, die Form auf dem Rost in den Backofen schieben und den Boden hellbraun vorbacken.

Ober-/Unterhitze:
etwa 180 °C (vorgeheizt)
Heißluft: etwa 160 °C (vorgeheizt)
Gas: Stufe 2–3 (vorgeheizt)
Backzeit: etwa 20 Min.

4 In der Zwischenzeit für den Mohnbelag Eigelb mit Zucker mit Handrührgerät mit Rührbesen cremig schlagen. Orangenfrucht unterrühren. Mohn (1 Esslöffel zum Garnieren zurücklassen) mit Backpulver mischen. Eiweiß so steif schlagen, dass ein Messerschnitt sichtbar

bleibt und auf die Eigelbcreme geben. Die Mohn-Backpulver-Mischung hinzufügen und mit einem Schneebesen unterheben. Die Mohnmasse auf dem vorgebackenen Boden verteilen.

5 Marzipan-Rohmasse zwischen Klarsichtfolie in Größe der Springform ausrollen und auf die Mohnmasse legen. Die Form wieder auf dem Rost in den Backofen schieben und das Gebäck **bei der oben angegebenen Backofeneinstellung noch etwa 30 Minuten** backen.

6 Das Gebäck aus der Form lösen, das mitgebackene Papier abziehen und das Gebäck auf einem mit Backpapier belegten Kuchenrost erkalten lassen.

7 3–4 Esslöffel Preiselbeeren (1 Esslöffel zum Garnieren zurücklassen) auf der Torte verstreichen. Sahne mit Sahnesteif, Zucker und Vanillin-Zucker steif schlagen und 4 Esslöffel davon in einen Spritzbeutel mit Lochtülle (Ø 12 mm) füllen.

8 Die Torte mit der restlichen Sahne ganz einstreichen und mit der Sahne aus dem Spritzbeutel Tupfen auf jedes Stück spritzen. Den Tortenrand mit dem zurückgelassenen Mohn bestreuen und die Torte mit den zurückgelassenen Preiselbeeren garnieren.

Tipp

Nach Belieben 100 g Marzipan-Rohmasse mit 1 Esslöffel Puderzucker verkneten, zwischen Klarsichtfolie ausrollen und Blüten daraus ausstechen. Die Marzipan-Blüten auf die Torte legen und jeweils etwas von den zurückgelassenen Wildpreiselbeeren darauf geben.

Kaffee-Haselnuss-Torte

*Zubereitungszeit: 60 Min.,
ohne Kühlzeit
Backzeit: etwa 30 Min.*

*Insgesamt:
E: 96 g, F: 364 g, Kh: 196 g,
kJ: 19325, kcal: 4618*

Für den Biskuitteig:
- **2 TL Instant-Kaffeepulver**
- **3 EL heißes Wasser**
- **5 Eier (Größe M)**
- **170 g Zucker**
- **50 g Weizenmehl**
- **2 gestr. TL Backpulver**
- **200 g gemahlene Haselnusskerne**

Für die Füllung:
- **2 TL Instant-Kaffeepulver**
- **500 ml (½ l) Schlagsahne**
- **30 g gesiebter Puderzucker**
- **2 Pck. Sahnesteif**

Für den Guss:
- **100 g Halbbitter–Kuvertüre**
- **50 g Butter**

Zum Garnieren:
- **30 g zweifarbige Schokolade (Kaffeesahne)**

1 Für den Teig Kaffeepulver in dem Wasser auflösen. Eier und Kaffee mit Handrührgerät mit Rührbesen auf höchster Stufe in 1 Minute schaumig schlagen. Zucker in 1 Minute einstreuen, dann noch etwa 2 Minuten schlagen.

2 Mehl mit Backpulver mischen, auf die Eiercreme sieben und kurz auf niedrigster Stufe unterrühren. Haselnusskerne vorsichtig unterheben.

3 Den Teig in eine Springform (Ø 26 cm, Boden gefettet, mit Backpapier belegt) füllen und glatt streichen. Die Form auf dem Rost in den Backofen schieben. Sofort backen.

**Ober-/Unterhitze:
etwa 180 °C (vorgeheizt)
Heißluft: etwa 160 °C (vorgeheizt)
Gas: Stufe 2–3 (vorgeheizt)
Backzeit: etwa 30 Min.**

4 Den Boden 10 Minuten in der Form stehen lassen, dann aus der Form lösen und auf einen mit Backpapier belegten Kuchenrost stürzen. Das mitgebackene Papier abziehen und den Boden erkalten lassen. Den erkalteten Boden zweimal waagerecht durchschneiden.

5 Für die Füllung Kaffeepulver durch ein feines Sieb streichen. Sahne ku aufschlagen. Puderzucker, Kaffeepulver und Sahnesteif mischen und unter Schl gen in die Sahne rieseln lassen. Sahne steif schlagen.

6 Etwa 4 Esslöffel der Kaffeesahne fü den Tortenrand abnehmen und ka stellen. Den unteren Boden auf eine Tor tenplatte legen. Die Hälfte der übrigen Sahne darauf streichen. Den mittleren Boden darauf legen. Die zweite Hälfte der Sahne darauf streichen und den obe ren Boden darauf legen. Die Torte kalt stellen.

7 Für den Guss Kuvertüre grob zer kleinern und mit Butter in einem kleinen Topf im Wasserbad bei schwa cher Hitze zu einer geschmeidigen Mass verrühren. Den Guss etwas abkühlen la sen, dabei gelegentlich umrühren. Den Guss dann auf die Tortenoberfläche streichen und fest werden lassen.

8 Den Tortenrand mit der beiseite gestellten Sahne einstreichen. Scho kolade mit einem Sparschäler in Späne hobeln und die Torte damit garnieren.

■ **Vorbereitungstipp:**
Sie können die Torte bereits einen Tag vor dem Verzehr zubereiten.

Schoko-Kirsch-Tupfentorte

Zubereitungszeit: 40 Min.,
ohne Kühlzeit
Backzeit: etwa 50 Min.

Insgesamt:
E: 126 g, F: 233 g, Kh: 510 g,
kJ: 20312, kcal: 4851

Für den Knetteig:
- **150 g Weizenmehl**
- **100 g Zucker**
- **½ TL gemahlener Zimt**
- **100 g Butter**
- **2–3 EL Wasser**
- **100 g abgezogene, gemahlene Mandeln**

Für die Füllung und zum Garnieren:
- **1 Glas Kaiserkirschen (Abtropfgewicht 370 g)**
- **500 g Magerquark**
- **100 g Zucker**
- **1 Pck. Bourbon Vanille-Zucker**
- **2 Eier (Größe M)**
- **1 Pck. Pudding-Pulver Schokoladen-Geschmack**

Zum Verzieren und Garnieren:
- **250 ml (¼ l) Schlagsahne**
- **2 Pck. Sahnesteif**
- **1 Pck. Vanillin-Zucker**
- **2–4 EL Raspelschokolade**

1 Für den Knetteig Mehl in eine Rührschüssel sieben. Zucker, Zimt, Butter, Wasser und Mandeln hinzufügen. Die Zutaten mit Handrührgerät mit Knethaken zunächst kurz auf niedrigster, dann auf höchster Stufe gut durcharbeiten.

2 Anschließend auf der leicht bemehlten Arbeitsfläche zu einem glatten Teig verkneten, sollte er kleben, ihn in Folie gewickelt eine Zeit lang kalt stellen.

3 Zwei Drittel des Teiges auf dem gefetteten Boden einer Springform (Ø 26 cm) ausrollen, den restlichen Teig zu einer Rolle formen, sie als Rand auf den Teigboden legen und so an die Form drücken, dass ein etwa 4 cm hoher Rand entsteht. Den Boden mehrmals mit einer Gabel einstechen.

4 Für die Füllung Kaiserkirschen in einem Sieb gut abtropfen lassen. Quark mit Zucker, Vanille-Zucker, Eiern und Pudding-Pulver verrühren. Die Hälfte der Kirschen unterheben, die restlichen Kirschen zum Garnieren beiseite stellen. Die Masse in die Form geben und glatt streichen. Die Form auf dem Rost in den Backofen schieben.

Ober-/Unterhitze:
etwa 180 °C (vorgeheizt)
Heißluft: etwa 160 °C
(nicht vorgeheizt)
Gas: Stufe 2–3 (nicht vorgeheizt)
Backzeit: etwa 50 Min.

5 Den Tortenrand vorsichtig mit einem Messer lösen, aber die Torte in der Form auf einem Kuchenrost erkalten lassen. Die erkaltete Torte auf eine Tortenplatte setzen.

6 Die zurückgelassenen Kirschen halbieren. Sahne mit Sahnesteif und Vanillin-Zucker steif schlagen und in einen Spritzbeutel mit Lochtülle füllen. Abwechselnd je eine halbe Kirsche und einen Sahnetupfen auf die Tortenoberfläche geben. Die Torte mit Raspelschokolade bestreuen.

■ Abwandlung:
Sie können die Torte auch mit einer Füllung auf kaltem Wege zubereiten. Dazu den Boden ohne die Füllung backen (dann Hülsenfrüchte zum Blindbacken einfüllen) und den Boden erkalten lassen. 4 Blatt weiße Gelatine in kaltem Wasser nach Packungsanleitung einweichen. Aus 1 Päckchen Pudding-Pulver Schokoladen-Geschmack, 60 g Zucker und 500 ml (½ l) Milch nach Packungsanleitung einen Pudding kochen. Gelatine leicht ausdrücken und unter Rühren in dem heißen Pudding auflösen. Den Pudding erkalten lassen. Die Hälfte der abgetropften Kirschen und 200 ml steif geschlagene Schlagsahne unterheben und die Masse in den Boden füllen. Die Torte verzieren und garnieren wie unter Punkt 6 angegeben.

Bananen-Split-Rolle

**Zubereitungszeit: 60 Min.,
ohne Kühlzeit
Backzeit: 8–10 Min.**

**Insgesamt:
E: 80 g, F: 298 g, Kh: 349 g,
kJ: 19047, kcal: 4551**

Für den Biskuitteig:
- **4 Eier (Größe M)**
- **1 Eigelb (Größe M)**
- **70 g Zucker**
- **1 Pck. Vanillin-Zucker**
- **60 g Weizenmehl**
- **$\frac{1}{2}$ gestr. TL Backpulver**
- **20 g Kakaopulver**

Für die Füllung:
- **750 ml ($\frac{3}{4}$ l) Schlagsahne**
- **100 ml Bananensaft**
- **1 Pck. Sahnetortenhilfe**
- **1 EL gesiebter Puderzucker**
- **50 g Raspelschokolade**
- **2 große, reife Bananen**
- **2 EL Zitronensaft**

Zum Garnieren:
- **50 g Zartbitterschokolade**
- **1 TL Speiseöl**
- **1 kleine Banane**

1 Für den Teig Eier und Eigelb mit Handrührgerät mit Rührbesen auf höchster Stufe in 1 Minute schaumig schlagen. Zucker und Vanillin-Zucker mischen, in 1 Minute einstreuen, dann noch etwa 2 Minuten schlagen.

2 Mehl mit Backpulver und Kakaopulver mischen, sieben, auf die Eiercreme geben und kurz auf niedrigster Stufe unterrühren.

3 Den Teig auf ein Backblech (30 x 40 cm, gefettet, mit Backpapier belegt) streichen. An der offenen Seite des Blechs das Papier unmittelbar vor dem Teig zur Falte knicken, so dass ein Rand entsteht. Das Backblech in den Backofen schieben. Sofort backen.

**Ober-/Unterhitze:
etwa 200 °C (vorgeheizt)
Heißluft: etwa 180 °C (vorgeheizt)
Gas: Stufe 3–4 (vorgeheizt)
Backzeit: 8–10 Min.**

4 Das Gebäck sofort nach dem Backen mit Hilfe eines Messers vom Rand lösen, auf ein mit Zucker bestreutes Backpapier stürzen, das mitgebackene Backpapier mit kaltem Wasser bestreichen und vorsichtig, aber schnell abziehen. Die Gebäckplatte mit dem Backpapier aufrollen und erkalten lassen.

5 Für die Füllung Sahne steif schlagen. Bananensaft in eine Rührschüssel geben. Sahnetortenhilfe und Puderzucker hinzufügen und alles mit einem Schneebesen etwa 1 Minute ver-

rühren. Sahne portionsweise unterheben. Unter gut die Hälfte der Sahnecreme Raspelschokolade heben.

6 Bananen schälen und in Zitronensaft wenden (den Zitronensaft danach beiseite stellen). Die kalte Biskuitplatte entrollen und mit der Schokoladen-Sahnecreme bestreichen, dabei an einer breiten Seite etwa 3 cm frei lassen. Die Bananen auf den Rand der bestrichenen breiten Seite legen und die Rolle mit Hilfe des Backpapiers aufrollen. Nach Belieben die braune Haut mit Hilfe einer Gabel entfernen.

7 Vier Esslöffel der übrigen Sahnecreme in einen Spritzbeutel mit großer Sterntülle geben. Die Rolle mit der restlichen Sahnecreme bestreichen. Oben auf die Rolle eine Reihe großer Sahnetupfen spritzen.

8 Zum Garnieren Schokolade mit Öl in einem kleinen Topf im Wasserbad bei schwacher Hitze zu einer geschmeidigen Masse verrühren. Banane schälen, in Scheiben schneiden, in dem zurückgestellten Zitronensaft wenden und trockentupfen. Bananenscheiben zur Hälfte in die aufgelöste Schokolade tauchen, auf Backpapier legen und die Schokolade fest werden lassen.

9 Die Rolle mit Hilfe eines Teelöffels mit der restlichen Schokolade besprenkeln. Die Bananenscheiben auf die Sahnetupfen setzen. Die Rolle 1–2 Stunden kalt stellen.

Obst-Sahnecreme-Schnitten

Zubereitungszeit: 70 Min., ohne Kühlzeit
Backzeit: 10–12 Min.

Insgesamt:
E: 61 g, F: 159 g, Kh: 295 g, kJ: 12493, kcal: 2987

Für den Biskuitteig:
- 3 Eier (Größe M)
- 1 Eigelb (Größe M)
- 50 g Zucker
- 1 Pck. Vanillin-Zucker
- 60 g Weizenmehl
- 1 Msp. Backpulver

Für die Sahnecreme:
- 6 Blatt weiße Gelatine
- 150 g Naturjoghurt
- 1 Pck. Vanillin-Zucker
- 400 ml Schlagsahne

Für den Belag:
- 3 Nektarinen
- ¼ Honigmelone
- 5 Kiwis
- 200 g Erdbeeren
- 150 g kernlose, blaue Weintrauben

Für den Guss:
- 1 Pck. Tortenguss, klar
- 30 g Zucker
- 200 ml Apfelsaft
- 50 ml Wasser

1 Für den Teig Eier und Eigelb mit Handrührgerät mit Rührbesen auf höchster Stufe in 1 Minute schaumig schlagen. Zucker und Vanillin-Zucker mischen, in 1 Minute einstreuen, dann noch etwa 2 Minuten schlagen.

2 Mehl mit Backpulver mischen, auf die Eiercreme sieben und kurz auf niedrigster Stufe unterrühren. Den Teig auf ein Backblech (30 x 40 cm, gefettet, mit Backpapier belegt) streichen. An der offenen Seite des Blechs das Papier unmittelbar vor dem Teig zur Falte knicken, so dass ein Rand entsteht. Das Backblech in den Backofen schieben. Sofort backen.

Ober-/Unterhitze:
etwa 200 °C (vorgeheizt)
Heißluft: etwa 180 °C (vorgeheizt)
Gas: Stufe 3–4 (vorgeheizt)
Backzeit: 10–12 Min.

3 Die Biskuitplatte auf ein mit Zucker bestreutes Stück Backpapier auf die Arbeitsfläche stürzen und erkalten lassen. Dann das mitgebackene Backpapier abziehen.

4 Für die Sahnecreme Gelatine in kaltem Wasser nach Packungsanlei-tung einweichen. Gelatine leicht ausdrücken, in einem kleinen Topf unter Rühren erwärmen (nicht kochen), bis s völlig gelöst ist und leicht abkühlen lassen. Joghurt mit Vanillin-Zucker verrühren und die Gelatine unterrühren.

5 Wenn die Masse anfängt dicklich werden, Sahne steif schlagen und unterheben. Die Sahnecreme auf die Bi kuitplatte streichen, die Rolle der Länge nach fest aufrollen und mindestens 3 Stunden kalt stellen, bis die Sahnecreme fest geworden ist. Die Rolle dann in etwa 20 Scheiben schneiden.

6 Für den Belag Nektarinen wasche abtrocknen, halbieren und entstei-nen. Melone schälen, entkernen und in Spalten schneiden. Kiwis schälen. Erdbeeren waschen, abtropfen lassen und entstielen. Die vorbereiteten Früchte in Scheiben bzw. Spalten schneiden. Weintrauben waschen und halbieren. Das Obst auf den Gebäckscheiben verteilen.

7 Für den Guss aus Tortenguss, Zucker, Apfelsaft und Wasser nach Packungsanleitung einen Guss zuberei-ten und mit Hilfe eines Pinsels auf den Früchten verteilen.

■ Abwandlung:
Anstelle der genannten Früchte können z. B. auch Pflaumen, Karambolen (Sternfrüchte), Brombeeren oder helle Weintrauben verwendet werden. Als Version für Erwachsene können Sie anstelle des Apfelsaftes auch Weißwein verwenden.

■ Vorbereitungstipp:
Sie können die Rolle gut bereits am Vortag zubereiten oder ungeschnitten im Ganze einfrieren, vor dem Verzehr in Scheiben schneiden und belegen (die gefrorene Rolle am Tag vor dem Verzehr aus dem Gefrierfach nehmen und zugedeckt im Kühlschran auftauen lassen).

Feine Erdbeertorte

**Zubereitungszeit: 50 Min.,
ohne Kühl- und Durchziehzeit
Backzeit: etwa 35 Min.**

**Insgesamt:
E: 55 g, F: 182 g, Kh: 627 g,
kJ: 18850, kcal: 4509**

Für den Knetteig:
- **150 g Weizenmehl**
- **40 g Zucker**
- **1 Pck. Vanillin-Zucker**
- **100 g Butter
  oder Margarine**

Für den All-in-Teig:
- **65 g Weizenmehl**
- **1½ gestr. TL Backpulver**
- **65 g Zucker**
- **1 Pck. Vanillin-Zucker**
- **2 Eier (Größe M)**
- **65 g weiche Butter
  oder Margarine**

Zum Bestreichen:
- **50 g Zartbitterschokolade**

Für den Belag:
- **1 kg Erdbeeren**
- **150 g Zucker**

Für den Guss:
- **knapp 250 ml (¼ l) Wasser**
- **knapp 250 ml (¼ l)
  klarer Apfelsaft**
- **2 Pck. Tortenguss, rot**
- **80 g Zucker**

Zum Garnieren:
- **evtl. abgezogene,
  gehackte Mandeln**

1 Für den Knetteig Mehl in eine Rührschüssel sieben. Zucker, Vanillin-Zucker und Butter oder Margarine hinzufügen. Die Zutaten mit Handrührgerät mit Knethaken zunächst kurz auf niedrigster, dann auf höchster Stufe gut durcharbeiten.

2 Anschließend auf der leicht bemehlten Arbeitsfläche zu einem glatten Teig verkneten. Sollte er kleben, ihn in Folie gewickelt eine Zeit lang kalt stellen.

3 Den Teig auf dem Boden einer Springform (Ø 26 cm, Boden gefettet) ausrollen und mehrmals mit einer Gabel einstechen. Den Springformrand darumlegen. Die Form auf dem Rost in den Backofen schieben.

**Ober-/Unterhitze:
etwa 200 °C (vorgeheizt)
Heißluft: etwa 180 °C (vorgeheizt)
Gas: Stufe 3–4 (vorgeheizt)
Backzeit: etwa 15 Min.**

4 Den Boden sofort nach dem Backen vom Springformboden lösen, aber darauf erkalten lassen.

5 Für den All-in-Teig Mehl mit Backpulver mischen und in eine Rührschüssel sieben. Zucker, Vanillin-Zucker, Eier und Butter oder Margarine hinzufügen. Die Zutaten mit Handrührgerät mit Rührbesen auf höchster Stufe in etwa 2 Minuten zu einem glatten Teig verarbeiten.

6 Den Teig in eine Springform (Ø 26 cm, Boden gefettet) füllen und glatt streichen. Die Form auf dem Rost in den Backofen schieben.

**Ober-/Unterhitze:
etwa 180 °C (vorgeheizt)
Heißluft: etwa 160 °C (vorgeheizt)
Gas: Stufe 2–3 (vorgeheizt)
Backzeit: etwa 20 Min.**

7 Den Boden nach dem Backen aus der Form lösen, auf einen mit Backpapier belegten Kuchenrost stürzen, das mitgebackene Backpapier entfernen und den Boden erkalten lassen.

8 Zum Bestreichen Schokolade in grobe Stücke brechen und in einem kleinen Topf im Wasserbad bei schwacher Hitze zu einer geschmeidigen Masse verrühren.

9 Den Knetteigboden auf eine Tortenplatte legen und mit der Schokolade bestreichen. Den All-in-Teig-Boden darauf legen und leicht andrücken. Einen Tortenring oder den gesäuberten Springformrand darumstellen.

10 Für den Belag Erdbeeren waschen, abtropfen lassen, entstielen, halbieren, mit Zucker bestreuen und etwa 30 Minuten durchziehen lassen. Anschließend in einem Sieb gut abtropfen lassen, dabei den Saft auffangen. Die Früchte dicht an dicht senkrecht auf den Boden setzen.

(Fortsetzung Seite 16)

11 Für den Guss den Erdbeersaft mit Wasser und Apfelsaft auf 500 ml (¹/₂ l) auffüllen. Aus Tortenguss, Zucker und der Flüssigkeit nach Packungsanleitung einen Guss zubereiten. Den Guss vorsichtig über die Erdbeeren verteilen und fest werden lassen.

12 Vor dem Servieren den Tortenring oder Springformrand mit Hilfe eines Messers vorsichtig lösen und den Tortenrand nach Belieben mit Mandeln garnieren.

■ Vorbereitungstipp:
Die Torte maximal 1 Tag vor dem Verzehr zubereiten.

■ Abwandlung:
Statt den Knetteigboden mit Schokolad[e] zu bestreichen, können Sie auch eine Schicht Vanille-Pudding darauf geben. Dazu aus 1 Päckchen Saucen-Pulver Vanille-Geschmack, 30 g Zucker und 250 ml (¹/₄ l) Milch nach Packungsanle[i]tung – aber mit den hier angegebenen Zutaten – einen Pudding kochen.

Eischwertorte mit bunten Zuckerstreuseln

Zubereitungszeit: 35 Min., ohne Durchziehzeit
Backzeit: etwa 15 Min. je Boden

Insgesamt:
E: 57 g, F: 215 g, Kh: 449 g, kJ: 17059, kcal: 4076

Für den Rührteig:
- **225 g Butter oder Margarine**
- **225 g Zucker**
- **4 Eier (Größe M)**
- **225 g Weizenmehl**
- **1 gestr. TL Backpulver**

Zum Bestreuen:
- **bunte Zuckerstreusel**

Für die Füllung:
- **1 Glas Aprikosen-Apfel-Mus (Einwaage 500 g)**

1 Für den Teig Butter oder Margarine mit Handrührgerät mit Rührbesen auf höchster Stufe geschmeidig rühren. Nach und nach Zucker unterrühren. So lange rühren, bis eine gebundene Masse entstanden ist.

2 Eier nach und nach unterrühren (jedes Ei etwa ¹/₂ Minute). Mehl mit Backpulver mischen, sieben und portionsweise auf mittlerer Stufe unterrühren.

3 Je ¹/₃ des Teiges in je eine Springform (Ø 26 cm, Boden gefettet, mit Backpapier belegt) füllen und glatt streichen. Einen der Böden dick mit Zuckerstreuseln bestreuen. Die Formen nacheinander (bei Heißluft zusammen) auf dem Rost in den Backofen schieben.

Ober-/Unterhitze:
etwa 180 °C (vorgeheizt)
Heißluft: etwa 160 °C (vorgeheizt)
Gas: Stufe 2–3 (vorgeheizt)
Backzeit: etwa 15 Min. je Boden.

4 Die Böden sofort nach dem Backe[n] aus den Formen lösen, auf mit Backpapier belegte Kuchenroste setzen und erkalten lassen.

5 Einen Boden (ohne Zuckerstreuse[l) auf eine Tortenplatte legen und m[it] der Hälfte von dem Aprikosen-Apfel-Mus gleichmäßig bestreichen. Den zwe[i]ten Boden (ohne Zuckerstreusel) darau[f] legen und mit dem restlichen Mus bestreichen. Den Boden mit Zuckerstreuseln darauf legen und etwas andrücken[.]

6 Die Torte bis zum Verzehr mindes[tens 1 Stunde durchziehen lassen.

■ Vorbereitungstipp:
Sie können die Eischwertorte bereits 1 Tag vor dem Verzehr zubereiten.

Himbeer-Götter-Traum

**Zubereitungszeit: 70 Min.,
ohne Kühlzeit
Backzeit: etwa 30 Min.**

**Insgesamt:
E: 97 g, F: 234 g, Kh: 564 g,
kJ: 20378, kcal: 4872**

Für den Biskuitteig:
- **4 Eier (Größe M)**
- **3 EL Orangensaft oder Wasser**
- **150 g Zucker**
- **1 Pck. Vanillin-Zucker**
- **150 g Weizenmehl**
- **1 gestr. TL Backpulver**

Für die Füllung:
- **1 Beutel aus 1 Pck. Götterspeise Himbeer-Geschmack**
- **125 ml (1/8 l) Himbeersirup**
- **500 g Naturjoghurt oder Magerquark**
- **30 g Zucker**
- **1 Pck. Vanillin-Zucker**
- **300 ml Schlagsahne**

Zum Verzieren und Garnieren:
- **1 Beutel aus 1 Pck. Götterspeise Himbeer-Geschmack**
- **75 g Zucker**
- **375 ml (3/8 l) Wasser**
- **300 ml Schlagsahne**
- **1 Pck. Vanillin-Zucker**
- **30 g Hagelzucker**

1 Für den Teig Eier und Orangensaft oder Wasser mit Handrührgerät mit Rührbesen auf höchster Stufe in 1 Minute schaumig schlagen. Zucker mit Vanillin-Zucker mischen, in 1 Minute einstreuen, dann noch etwa 2 Minuten schlagen.

2 Mehl mit Backpulver mischen, die Hälfte davon auf die Eiercreme sieben und kurz auf niedrigster Stufe unterrühren. Den Rest des Mehlgemisches auf dieselbe Weise unterarbeiten. Den Teig in eine Springform (Ø 26 cm, Boden gefettet, mit Backpapier belegt) füllen und glatt streichen. Die Form auf dem Rost in den Backofen schieben. Sofort backen.

**Ober-/Unterhitze:
etwa 180 °C (vorgeheizt)
Heißluft: etwa 160 °C (vorgeheizt)
Gas: Stufe 2–3 (vorgeheizt)
Backzeit: etwa 30 Min.**

3 Den Boden aus der Form lösen, auf einen Kuchenrost stürzen und erkalten lassen. Dann das Backpapier abziehen und den Boden zweimal waagerecht durchschneiden.

4 Für die Füllung Götterspeise mit Himbeersirup anrühren, 10 Minuten zum Quellen stehen lassen, unter Rühren erhitzen, bis die Götterspeise gelöst ist und etwas abkühlen lassen.

5 Joghurt oder Quark mit Zucker und Vanillin-Zucker verrühren. Götterspeise unterrühren. Wenn die Masse anfängt dicklich zu werden, Sahne steif schlagen und unterheben.

6 Den unteren Boden auf eine Tortenplatte legen, mit 1/3 der Creme bestreichen und mit dem mittleren Boden bedecken. Gut die Hälfte der restlichen Creme darauf streichen und mit dem oberen Boden bedecken. Die restliche Creme darauf streichen. Die Torte etwa 2 Stunden kalt stellen.

7 Zum Verzieren und Garnieren Götterspeise mit Zucker vermischen, mit dem Wasser anrühren, 10 Minuten zum Quellen stehen lassen und unter Rühren erhitzen, bis Götterspeise und Zucker gelöst sind. Die Götterspeise in eine flache Schale (zum Beispiel Auflaufform) gießen und im Kühlschrank fest werden lassen.

8 Sahne mit Vanillin-Zucker steif schlagen und 3 Esslöffel davon in einen Spritzbeutel mit Lochtülle füllen. Mit der restlichen Sahne den Tortenrand bestreichen und mit Hagelzucker bestreuen. Den äußeren Rand der Tortenoberfläche mit Sahnetupfen aus dem Spritzbeutel verzieren.

9 Götterspeise aus der Schale in Würfel schneiden und auf der Tortenoberfläche verteilen. Die Torte bis zum Verzehr kalt stellen.

Abwandlung:
Die Torte schmeckt auch lecker mit Götterspeise Aprikosen-Geschmack und Aprikosennektar.

Vorbereitungstipp:
Sie können die Torte bereits 1 Tag vor dem Verzehr zubereiten.

Rotwein-Birnen-Torte

*Zubereitungszeit: 60 Min.,
ohne Kühlzeit*
Backzeit: etwa 35 Min.

Insgesamt:
*E: 105 g, F: 390 g, Kh: 635 g,
kJ: 29131, kcal: 6964*

Für den Rührteig:
- **200 g Butter oder Margarine**
- **125 g Zucker**
- **1 Pck. Vanillin-Zucker**
- **4 Eier (Größe M)**
- **250 g Weizenmehl**
- **2 gestr. TL Backpulver**
- **3 gestr. TL Kakaopulver**
- **1 gestr. TL gemahlener Zimt**
- **100 ml Rotwein**
- **100 g Raspelschokolade**
- **100 g abgezogene,
  gehackte Mandeln**

Für den Belag:
- **5 mittelgroße Birnen
  (etwa 1 kg)**
- **300 ml Rotwein**
- **75 g Zucker**
- **1 Zimtstange**

Für die Füllung:
- **4 Blatt weiße Gelatine**
- **400 ml Schlagsahne**
- **25 g gesiebter Puderzucker**

Für den Guss:
- **1 Pck. Tortenguss, klar**
- **1 TL Zucker**
- **250 ml ($^1/_4$ l) Birnenkoch-
  flüssigkeit**

1 Für den Teig Butter oder Margarine mit Handrührgerät mit Rührbesen auf höchster Stufe geschmeidig rühren. Nach und nach Zucker und Vanillin-Zucker unterrühren. So lange rühren, bis eine gebundene Masse entstanden ist. Eier nach und nach unterrühren (jedes Ei etwa $^1/_2$ Minute).

2 Mehl mit Backpulver, Kakaopulver und Zimt mischen, sieben und portionsweise abwechselnd mit Rotwein auf mittlerer Stufe unterrühren. Raspelschokolade und Mandeln unterrühren. Den Teig in eine Springform (Ø 26 cm, Boden gefettet) füllen. Die Form auf dem Rost in den Backofen schieben.

Ober-/Unterhitze:
etwa 180 °C (vorgeheizt)
Heißluft: etwa 160 °C (vorgeheizt)
Gas: Stufe 2–3 (vorgeheizt)
Backzeit: etwa 35 Min.

3 Den Boden aus der Form lösen, ihn aber auf dem Springformboden auf einem Kuchenrost erkalten lassen. Den Boden dann einmal waagerecht durchschneiden.

4 Für den Belag Birnen schälen, halbieren, entkernen und auf der gewölbten Seite mit einem Messer mehrmals einritzen. Rotwein mit Zucker und Zimtstange in einem Topf zum Kochen bringen. Die Birnenhälften hineingeben und unter gelegentlichem Wenden etwa 10 Minuten dünsten. Den Topf von der Kochstelle nehmen und die Birnen in der Kochflüssigkeit erkalten lassen.

5 Die Birnen dann in einem Sieb abtropfen lassen, dabei die Flüssigke auffangen und 250 ml ($^1/_4$ l) für den Guss abmessen (evtl. mit Wasser auffüllen).

6 Für die Füllung Gelatine in kalten Wasser nach Packungsanleitung einweichen. Gelatine leicht ausdrücken und in einem kleinen Topf unter Rühre erwärmen (nicht kochen), bis sie völlig gelöst ist. Sahne mit Puderzucker fast steif schlagen, Gelatine unter Schlagen hineingeben und Sahne vollkommen steif schlagen.

7 Drei Esslöffel der Sahne in einen Spritzbeutel mit Sterntülle füllen und beiseite legen. 1 Birnenhälfte in kle ne Würfel schneiden und unter die rest liche Sahne heben.

8 Den unteren Boden auf eine Tortenplatte legen. Die Birnensahne darauf verteilen und glatt streichen. De oberen Boden darauf legen und etwas andrücken. Die Birnenhälften mit den Wölbungen nach oben und mit den Spitzen nach innen darauf verteilen.

9 Für den Guss aus Tortenguss, Zucker und der abgemessenen Bir nenkochflüssigkeit nach Packungsanlei tung – aber mit den hier angegebenen Zutaten – einen Guss kochen und auf den Birnen verteilen. Den Guss etwa 30 Minuten fest werden lassen.

10 Die Torte mit der Sahne aus dem Spritzbeutel verzieren.

Schwarze Johannisbeertorte

**Zubereitungszeit: 50 Min.,
ohne Kühlzeit
Backzeit: 30–35 Min.**

**Insgesamt:
E: 89 g, F: 339 g, Kh: 520 g,
kJ: 25022, kcal: 5983**

Zum Vorbereiten:
- **100 g Halbbitter-Kuvertüre**

Für den Biskuitteig:
- **4 Eier (Größe M)**
- **3–4 EL heißes Wasser**
- **100 g Zucker, 1 Prise Salz**
- **1 Msp. gemahlener Zimt**
- **1 TL abgeriebene Zitronen-schale (unbehandelt)**
- **50 g Weizenmehl**
- **50 g Speisestärke**
- **25 g Kakaopulver**
- **1/2 gestr. TL Backpulver**

Für die Füllung:
- **600 g schwarze Johannisbeeren**
- **100 g Zucker**
- **6 Blatt weiße Gelatine**
- **125 ml (1/8 l) Cassis-Likör (schwarzer Johannisbeer-likör)**
- **500 ml (1/2 l) Schlagsahne**

Zum Bestreichen und Garnieren:
- **200 ml Schlagsahne**
- **150 g Vollmilch-Kuvertüre**

1 Zum Vorbereiten Kuvertüre in einem kleinen Topf im Wasserbad bei schwacher Hitze geschmeidig rühren und etwas abkühlen lassen.

2 Für den Teig Eier und Wasser mit Handrührgerät mit Rührbesen auf höchster Stufe in 1 Minute schaumig schlagen. Zucker mit Salz, Zimt und Zitronenschale mischen, in 1 Minute einstreuen, dann noch etwa 2 Minuten schlagen.

3 Mehl mit Speisestärke, Kakaopulver und Backpulver mischen, die Hälfte davon auf die Eiercreme sieben und kurz auf niedrigster Stufe unterrühren. Den Rest des Mehlgemisches auf dieselbe Weise unterarbeiten. Kuvertüre kurz unterrühren.

4 Den Teig in eine Springform (Ø 28 cm, Boden gefettet, mit Back-papier belegt) füllen und glatt streichen. Die Form auf dem Rost in den Backofen schieben.

**Ober-/Unterhitze:
etwa 180 °C (vorgeheizt)
Heißluft: etwa 160 °C (vorgeheizt)
Gas: Stufe 2–3 (vorgeheizt)
Backzeit: 30–35 Min.**

5 Sofort nach dem Backen den Tor-tenboden aus der Form lösen, auf einen Kuchenrost stürzen und das Back-papier abziehen. Den Tortenboden erkalten lassen. Den erkalteten Boden einmal waagerecht durchschneiden.

6 Für die Füllung Johannisbeeren waschen, abtropfen lassen und mit Hilfe einer Gabel von den Stielen strei-fen. 2/3 der Johannisbeeren mit Zucker in einem Topf unter Rühren zum Kochen bringen, 2–3 Minuten kochen und er-kalten lassen.

7 Gelatine in kaltem Wasser nach Packungsanleitung einweichen. Di restlichen Johannisbeeren in das kalte Johannisbeerkompott geben. 2/3 der Masse auf dem unteren Tortenboden verteilen.

8 Gelatine leicht ausdrücken, in einem kleinen Topf unter Rühren erwärmen (nicht kochen), bis sie völlig gelöst ist, leicht abkühlen lassen und unter die restliche Johannisbeermasse rühren. Die Hälfte von dem Cassis-Likö unterrühren und kalt stellen.

9 Sobald die Frucht-Gelatine-Masse anfängt dicklich zu werden, Sahne steif schlagen und unterheben. Die Johannisbeersahne kuppelförmig auf da Johannisbeerkompott auf dem unteren Boden streichen und die Torte etwa 2 Stunden kalt stellen.

10 Den oberen Boden am Rand mehrmals einschneiden, auf di Johannisbeersahne legen, etwas an-drücken und mit dem restlichen Cassis-Likör beträufeln. Sahne steif schlagen und die Torte ganz damit bestreichen.

11 Kuvertüre grob zerkleinern, in einem kleinen Topf im Wasser-bad bei schwacher Hitze zu einer ge-schmeidigen Masse verrühren, als dünn Schicht auf Backpapier streichen und fas fest werden lassen. Mit Hilfe eines Spach tels aus der Kuvertüre Locken schaben, vollkommen fest werden lassen und auf die Torte geben (oder unaufgelöste Kuvertüre mit einem Sparschäler auf di Torte raspeln). Die Torte noch etwa 1 Stunde kalt stellen.

Joghurt-Frucht-Torte

**Zubereitungszeit: 60 Min.,
ohne Kühlzeit
Backzeit: etwa 40 Min.**

**Insgesamt:
E: 82 g, F: 283 g, Kh: 434 g,
kJ: 19998, kcal: 4782**

Für den Knetteig:
- ■ **150 g Weizenmehl**
- ■ **50 g Zucker**
- ■ **1 Pck. Vanillin-Zucker**
- ■ **1 Prise Salz**
- ■ **100 g Butter oder Margarine**

Für den Biskuitteig:
- ■ **2 Eier (Größe M)**
- ■ **50 g Zucker**
- ■ **1 Pck. Vanillin-Zucker**
- ■ **50 g Weizenmehl**
- ■ **25 g Speisestärke**
- ■ **1 gestr. TL Backpulver**

Zum Bestreichen:
- ■ **2 EL Johannisbeergelee**

Für die Joghurtsahne:
- ■ **8 Blatt weiße Gelatine**
- ■ **500 g Naturjoghurt**
- ■ **60 g Zucker**
- ■ **4–5 EL Zitronensaft**
- ■ **500 ml (¹/₂ l) Schlagsahne**

Zum Garnieren:
- ■ **Früchte der Saison, z. B. Melonenstücke, Erdbeeren, Weintrauben**
- ■ **abgezogene, gehobelte, gebräunte Mandeln**

1 Für den Knetteig Mehl in eine Rührschüssel sieben. Zucker, Vanillin-Zucker, Salz und Butter oder Margarine hinzufügen. Die Zutaten mit Handrührgerät mit Knethaken zunächst kurz auf niedrigster, dann auf höchster Stufe gut durcharbeiten.

2 Anschließend auf der leicht bemehlten Arbeitsfläche zu einem glatten Teig verkneten. Sollte der Teig kleben, ihn in Folie gewickelt eine Zeit lang kalt stellen.

3 Den Teig auf dem Boden einer Springform (Ø 26 cm, Boden gefettet) ausrollen und mehrmals mit einer Gabel einstechen. Den Springformrand darumstellen. Die Form auf dem Rost in den Backofen schieben.

**Ober-/Unterhitze:
etwa 200 °C (vorgeheizt)
Heißluft: etwa 180 °C (vorgeheizt)
Gas: Stufe 3–4 (vorgeheizt)
Backzeit: etwa 15 Min.**

4 Den Knetteigboden sofort nach dem Backen vom Springformboden lösen, aber darauf erkalten lassen. Ihn dann auf eine Tortenplatte legen.

5 Für den Biskuitteig Eier mit Handrührgerät mit Rührbesen auf höchster Stufe in 1 Minute schaumig schlagen. Zucker mit Vanillin-Zucker mischen und in 1 Minute einstreuen. Dann noch etwa 2 Minuten schlagen.

6 Mehl mit Speisestärke und Backpulver mischen, auf die Eiercreme sieben und kurz auf niedrigster Stufe unterrühren. Den Teig in eine Springform (Ø 26 cm, Boden gefettet, mit Backpapier belegt) füllen. Die Form auf dem Rost in den Backofen schieben. Sofort backen.

**Ober-/Unterhitze:
etwa 180 °C (vorgeheizt)
Heißluft: etwa 160 °C (vorgeheizt)
Gas: Stufe 2–3 (vorgeheizt)
Backzeit: etwa 25 Min.**

7 Den Biskuitboden aus der Form lösen, auf einen mit Backpapier belegten Kuchenrost stürzen, das mitgebackene Backpapier abziehen und den Boden erkalten lassen.

8 Den Knetteigboden mit Johannisbeergelee bestreichen. Den Biskuitboden darauf legen und etwas andrücken. Einen Tortenring oder den gesäuberten Springformrand darumstellen.

9 Für die Joghurtsahne Gelatine nach Packungsanleitung in kaltem Wasser einweichen. Joghurt mit Zucker und Zitronensaft verrühren. Gelatine leicht ausdrücken, in einem kleinen Topf unter Rühren erwärmen (nicht kochen), bis völlig gelöst ist, leicht abkühlen lassen und mit der Joghurtmasse verrühren.

(Fortsetzung Seite 172)

10 Sobald die Masse anfängt dicklich zu werden, Sahne steif schlagen und unterheben. Die Joghurtsahne auf dem Tortenboden verteilen und etwa 3 Stunden kalt stellen.

11 Früchte waschen, putzen, evtl. in Stücke schneiden und die Torten-

oberfläche damit garnieren. Die Torte bis zum Servieren kalt stellen.

12 Vor dem Servieren Tortenring oder Springformrand entfernen und den Tortenrand mit Mandelblättchen bestreuen.

■ **Abwandlung:**
Für eine Buttermilch-Frucht-Torte den Joghurt durch Buttermilch ersetzen.

■ **Vorbereitungstipp:**
Sie können die Torte bereits am Vortag zubereiten, dann aber das Obst erst am Verzehrtag darauf legen.

Französische Cognactorte

Zubereitungszeit: 30 Min.,
ohne Abkühl- und Durchziehzeit
Backzeit: etwa 60 Min.

Insgesamt:
E: 133 g, F: 390 g, Kh: 688 g,
kJ: 31399, kcal: 7502

Für den Rührteig:
■ **250 g Butter oder Margarine**
■ **200 g Zucker**
■ **1 Pck. Vanillin-Zucker**
■ **1 Prise Salz**
■ **3–5 Tropfen Bittermandel-Aroma**
■ **6 Eier (Größe M)**
■ **250 g Weizenmehl**
■ **2 gestr. TL Backpulver**
■ **2 EL Cognac**
■ **150 g abgezogene, gemahlene Mandeln oder gemahlene Haselnusskerne**
■ **150 g grob geraspelte Zartbitterschokolade**

Zum Beträufeln und Bestreichen:
■ **150 ml Cognac**
■ **100 g Aprikosenkonfitüre**

Für den Guss:
■ **200 g Halbbitter-Kuvertüre**
■ **Kakaopulver**

1 Für den Teig Butter oder Margarine mit Handrührgerät mit Rührbesen auf höchster Stufe geschmeidig rühren. Nach und nach Zucker, Vanillin-Zucker, Salz und Aroma unterrühren. So lange rühren, bis eine gebundene Masse entstanden ist. Eier nach und nach unterrühren (jedes Ei etwa 1/2 Minute).

2 Mehl mit Backpulver mischen, sieben und portionsweise abwechselnd mit Cognac auf mittlerer Stufe unterrühren.

3 Mandeln und Schokolade unter den Teig rühren. Den Teig in eine Springform (Ø 26 cm, Boden gefettet) füllen und glatt streichen. Die Form auf dem Rost in den Backofen schieben.

Ober-/Unterhitze:
etwa 180 °C (vorgeheizt)
Heißluft: etwa 160 °C
(nicht vorgeheizt)
Gas: Stufe 2–3 (nicht vorgeheizt)
Backzeit: etwa 60 Min.

4 Das Gebäck sofort nach dem Backen aus der Form lösen und etwa 20 Minuten auf einem Kuchenrost abkühlen lassen.

5 Das Gebäck dann mit einem Holzstäbchen mehrmals einstechen und mit Cognac beträufeln. Aprikosenkonfitüre in einem Topf unter Rühren erhitzen, durch ein Sieb streichen, die Torte damit bestreichen und vollständig erkalten lassen.

6 Für den Guss Kuvertüre in einem kleinen Topf im Wasserbad bei schwacher Hitze zu einer geschmeidigen Masse verrühren und die Torte vollständig damit überziehen. Die Torte einige Stunden (am besten über Nacht) durchziehen lassen und vor dem Servieren mit Kakaopulver bestäuben.

■ **Vorbereitungstipp:**
Die Torte möglichst 2–3 Tage vor dem Verzehr backen, damit sie gut durchgezogen ist.

Birnen-Eierlikör-Torte

Zubereitungszeit: 40 Min.,
ohne Kühlzeit
Backzeit: 20–30 Min.

Insgesamt:
E: 44 g, F: 253 g, Kh: 469 g,
kJ: 20496, kcal: 4897

Für den Knetteig:
- **200 g Weizenmehl**
- **100 g Zucker**
- **125 g Butter oder Margarine**
- **1–2 EL Wasser**

- **getrocknete Hülsenfrüchte (Erbsen oder Bohnen) zum Blindbacken**

Für die Füllung:
- **1 große Dose Williams-Birnenhälften (Abtropfgewicht 460 g)**
- **1 Pck. Pudding-Pulver Vanille-Geschmack**
- **1 EL Zucker**
- **250 ml (1/4 l) Birnensaft**
- **250 ml (1/4 l) trockener Weißwein**

Für den Belag:
- **250 ml (1/4 l) Schlagsahne**
- **2 Pck. Sahnesteif**
- **1 Pck. Vanillin-Zucker**
- **200 ml Eierlikör**
- **200 g Schmand**
- **1 Pck. Dessertsaucen-Pulver Vanille-Geschmack (ohne Kochen)**

1 Für den Knetteig Mehl in eine Rührschüssel sieben. Zucker, Butter oder Margarine und Wasser hinzufügen. Die Zutaten mit Handrührgerät mit Knethaken zunächst kurz auf niedrigster, dann auf höchster Stufe gut durcharbeiten.

2 Anschließend auf der leicht bemehlten Arbeitsfläche zu einem glatten Teig verkneten, sollte er kleben, ihn in Folie gewickelt eine Zeit lang kalt stellen.

3 Den Teig auf der leicht bemehlten Arbeitsfläche ausrollen und eine Springform (Ø 26 cm, Boden gefettet) damit auslegen, den Teig dabei am Rand etwa 4 cm hochdrücken. Den Boden mehrmals mit einer Gabel einstechen. Backpapier auf den Teig legen und die Hülsenfrüchte etwa 2 cm hoch einfüllen. Die Form auf dem Rost in den Backofen schieben.

Ober-/Unterhitze:
etwa 200 °C (vorgeheizt)
Heißluft: etwa 180 °C (vorgeheizt)
Gas: Stufe 3–4 (vorgeheizt)
Backzeit: 15–20 Min.

4 Das Backpapier mit den Hülsenfrüchten entfernen und den Boden **bei der oben angegebenen Backofeneinstellung noch weitere 5–10 Minuten** backen.

5 Den Boden sofort nach dem Backen aus der Form lösen, aber auf dem Springformboden auf einem Kuchenrost erkalten lassen. Den erkalteten Gebäckboden auf eine Tortenplatte legen und einen hohen Tortenring oder den gesäuberten Springformrand darumstellen.

6 Für die Füllung Birnen in einem Sieb gut abtropfen lassen, dabei der Saft auffangen und 250 ml (1/4 l) abmessen. Die Birnen in Würfel schneiden.

7 Aus Pudding-Pulver, Zucker, dem abgemessenen Birnensaft und Weißwein nach Packungsanleitung – aber mit den hier angegeben Zutaten – einen Pudding kochen. Die Birnenwürfel unterheben und die Masse in den Gebäckboden füllen. Klarsichtfolie direkt auf die Oberfläche der Masse legen. Die Torte etwa 2 Stunden kalt stellen, bis die Birnen-Pudding-Masse vollständig erkaltet ist. Dann die Folie entfernen.

8 Für den Belag Sahne mit Sahnesteif und Vanillin-Zucker steif schlagen, auf die Birnen-Pudding-Masse geben und glatt streichen. Eierlikör mit Schmand und Saucenpulver verrühren und auf der Sahne verteilen. Die Torte kalt stellen, bis die Eierlikörmasse fest geworden ist.

9 Vor dem Servieren Tortenring oder Springformrand entfernen.

Johannisbeer-Frischkäse-Torte

Zubereitungszeit: 50 Min.,
ohne Saftziehzeit
Backzeit: etwa 25 Min.

Insgesamt:
E: 113 g, F: 494 g, Kh: 510 g,
kJ: 30097, kcal: 7187

Für den Rührteig:

- **100 g Butter oder Margarine**
- **100 g Zucker**
- **1 Ei (Größe M)**
- **100 g Weizenmehl**
- **1 gestr. TL Backpulver**
- **50 g abgezogene, gehobelte Mandeln**
- **50 g gemahlene Haselnusskerne oder abgezogene, gemahlene Mandeln**

Für die Füllung:

- **400 g fester Doppelrahm-Frischkäse (z. B. Philadelphia)**
- **150 g gesiebter Puderzucker**
- **2 EL Milch**
- **100 g gemahlene Haselnusskerne**
- **500 ml (¹/₂ l) Schlagsahne**
- **2 Pck. Vanillin-Zucker**
- **2 Pck. Sahnesteif**

Für den Belag:

- **600 g Johannisbeeren**
- **3–4 EL Zucker**

Für den Guss:

- **1 Pck. Tortenguss, klar**
- **1 Pck. Vanillin-Zucker**
- **250 ml (¹/₄ l) Flüssigkeit (Johannisbeersaft mit Wasser)**

1 Für den Teig Butter oder Margarine mit Handrührgerät mit Rührbesen auf höchster Stufe geschmeidig rühren. Zucker unterrühren. So lange rühren, bis eine gebundene Masse entstanden ist.

2 Ei in etwa ¹/₂ Minute unterrühren. Mehl mit Backpulver mischen, sieben und abwechselnd portionsweise mit Mandeln und Haselnusskernen auf mittlerer Stufe unterrühren.

3 Den Teig in eine Springform (Ø 26 cm, gefettet, mit Backpapier belegt) füllen und glatt streichen. Die Form auf dem Rost in den Backofen schieben.

Ober-/Unterhitze:
etwa 180 °C (vorgeheizt)
Heißluft: etwa 160 °C (vorgeheizt)
Gas: Stufe 2–3 (vorgeheizt)
Backzeit: etwa 25 Min.

4 Den Boden aus der Form lösen, auf einen Kuchenrost stürzen, das Backpapier entfernen und den Boden erkalten lassen. Den erkalteten Boden auf eine Tortenplatte legen und einen Tortenring oder den gesäuberten Springformrand darumstellen.

5 Für die Füllung Frischkäse mit Puderzucker und Milch glatt rühren. Die Masse auf den Boden streichen. Haselnusskerne darauf streuen.

6 Sahne mit Vanillin-Zucker und Sahnesteif steif schlagen, auf die Haselnusskerne geben und glatt streichen.

7 Für den Belag Johannisbeeren waschen, abtropfen lassen und entstielen. Zucker auf die Johannisbeeren streuen und zum Saft ziehen etwa 30 Minuten stehen lassen.

8 Johannisbeeren in einem Sieb abtropfen lassen, den Saft dabei auffangen und 250 ml (¹/₄ l) davon für den Guss abmessen (evtl. mit Wasser ergänzen). Die Johannisbeeren auf der Sahne verteilen.

9 Für den Guss aus Tortenguss, Johannisbeerflüssigkeit und Vanillin-Zucker nach Packungsanleitung einen Guss zubereiten und etwas abkühlen lassen. Den Guss dann auf die Johannisbeeren geben und fest werden lassen.

10 Vor dem Servieren den Tortenring oder Springformrand lösen und entfernen.

Tipp

Bei Verwendung von TK-Johannisbeeren die Beeren vorher in einem Sieb auftauen lassen, den Saft dabei auffangen und für den Guss verwenden. Anstelle von Johannisbeeren können Sie auch Himbeeren, Heidelbeeren oder Sauerkirschen verwenden.

Förstertorte

**Zubereitungszeit: 45 Min.,
ohne Kühlzeit
Backzeit: etwa 25 Min.**

**Insgesamt:
E: 81 g, F: 380 g, Kh: 212 g,
kJ: 20072, kcal: 4795**

Für den Rührteig:
- **100 g Butter oder Margarine**
- **80 g Zucker**
- **3 Eigelb (Größe M)**
- **25 g Weizenmehl**
- **1¹/₂ gestr. TL Backpulver**
- **2 EL Kakaopulver**
- **100 g gemahlene Haselnusskerne**
- **100 g abgezogene, gehackte Mandeln**
- **3 Eiweiß (Größe M)**

Zum Bestreichen:
- **2 EL Nuss-Nougat-Creme (aus dem Glas)**

Für den Belag:
- **2 Gläser Wildpreiselbeer-Dessert (Abtropfgewicht je 175 g)**
- **500 ml (¹/₂ l) Schlagsahne**
- **3 Pck. Sahnesteif**
- **2 EL Rotwein**

Zum Garnieren:
- **Zitronenmelisseblättchen**

1 Für den Teig Butter oder Margarine mit Handrührgerät mit Rührbesen auf höchster Stufe geschmeidig rühren. Nach und nach Zucker unterrühren. So lange rühren, bis eine gebundene Masse entstanden ist. Eigelb nach und nach unterrühren (jedes Eigelb knapp ¹/₂ Minute).

2 Mehl mit Backpulver und Kakaopulver mischen, sieben, mit Haselnusskernen mischen und portionsweise auf mittlerer Stufe unterrühren. Mandeln unterrühren. Eiweiß steif schlagen und vorsichtig unterheben.

3 Den Teig in eine Springform (Ø 26 cm, gefettet, mit Backpapier belegt) füllen und glatt streichen. Die Form auf dem Rost in den Backofen schieben.

**Ober-/Unterhitze:
etwa 180 °C (vorgeheizt)
Heißluft: etwa 160 °C (vorgeheizt)
Gas: Stufe 2–3 (vorgeheizt)
Backzeit: etwa 25 Min.**

4 Den Boden vorsichtig aus der Form lösen, auf einen mit Backpapier belegten Kuchenrost stürzen, das mitgebackene Papier abziehen und den Boden erkalten lassen.

5 Den erkalteten Boden auf eine Tortenplatte legen und mit Nuss-Nougat-Creme bestreichen.

6 Für den Belag Preiselbeeren in einem Sieb gut abtropfen lassen. Sahne mit Sahnesteif steif schlagen. Rotwein unterrühren. Die Preiselbeeren vorsichtig unter die Sahne heben (nach Belieben einige zum Garnieren zurücklassen).

7 Die Preiselbeersahne kuppelartig auf den Boden streichen und mit einem Messerrücken Vertiefungen eindrücken. Mit Zitronenmelisseblättchen und den zurückgelassenen Preiselbeeren garnieren. Die Torte etwa 1 Stunde kalt stellen.

Tipp
Für eine Variante ohne Alkohol anstelle des Rotweins dieselbe Menge Preiselbeersaft unter die Sahne rühren.

Blechkuchen sind ideal, um eine größere Anzahl von Gästen zu bewirten. Und wer die Abwechslung liebt, stellt einfach zwei Kuchen auf den Tisch!

Rhabarber-Griess-Kuchen

Zubereitungszeit: 50 Min., ohne Teiggehzeit
Backzeit: etwa 45 Min.

Insgesamt:
E: 158 g, F: 170 g, Kh: 647 g, kJ: 20960, kcal: 4997

Für den Hefeteig:
- 375 g Weizenmehl
- 1 Pck. Trockenhefe
- 50 g Zucker
- 1 Pck. Vanillin-Zucker
- 1 Prise Salz
- 1 Ei (Größe M)
- 200 ml lauwarme Milch
- 50 g zerlassene, abgekühlte Butter oder Margarine

Für den Belag:
- 1–1½ kg Rhabarber

Für die Creme:
- 200 g Schmand
- 250 g Magerquark
- 250 ml (¼ l) Milch
- 4 EL Zitronensaft
- 100 g Zucker
- 1 Pck. Süße Mahlzeit Grießbrei Vanille-Geschmack
- 4 Eigelb (Größe M)
- 4 Eiweiß (Größe M)

Zum Bestreuen:
- 60 g abgezogene, gehobelte Mandeln

Zum Bestreichen und Bestäuben:
- 100 g Erdbeerkonfitüre
- 1 EL Puderzucker

1 Für den Teig Mehl in eine Rührschüssel sieben und mit der Hefe sorgfältig vermischen. Zucker, Vanillin-Zucker, Salz, Ei, Milch und Butter oder Margarine hinzufügen.

2 Die Zutaten mit Handrührgerät mit Knethaken zunächst auf niedrigster, dann auf höchster Stufe in etwa 5 Minuten zu einem Teig verarbeiten. Den Teig zugedeckt so lange an einem warmen Ort stehen lassen, bis er sich sichtbar vergrößert hat.

3 In der Zwischenzeit für den Belag Rhabarber putzen, waschen (nicht abziehen) und in etwa 3 cm lange Stücke schneiden.

4 Für die Creme Schmand mit Quark, Milch, Zitronensaft, Zucker, Grießbrei-Pulver und Eigelb verrühren. Eiweiß steif schlagen und unterheben.

(Fortsetzung Seite 182)

5 Den Teig leicht mit Mehl bestäuben, aus der Schüssel nehmen und auf der Arbeitsfläche nochmals gut durchkneten. Den Teig in einer Fettfangschale (30 x 40 cm, gefettet) ausrollen, dabei den Rand etwas hochdrücken.

6 Die Creme auf den Teig streichen und mit den Rhabarberstücken belegen. Mandeln darüber streuen. Die Fettfangschale in den Backofen schieben.

Ober-/Unterhitze:
etwa 180 °C (vorgeheizt)
Heißluft: etwa 160 °C
(nicht vorgeheizt)
Gas: Stufe 2–3 (nicht vorgeheizt)
Backzeit: etwa 45 Min.

7 Die Fettfangschale auf einen Kuchenrost stellen. Erdbeerkonfitüre in einem kleinen Topf erhitzen und die heißen Rhabarberstücke damit bestreichen. Den Kuchen in der Fettfangschale erkalten lassen.

8 Den Kuchen vor dem Servieren mit Puderzucker bestäuben.

Pflaumenkuchen mit 2 Böden

Zubereitungszeit: 45 Min.
Backzeit: 47–52 Min.

Insgesamt:
E: 76 g, F: 293 g, Kh: 847 g,
kJ: 27548, kcal: 6580

Für den Knetteig:
- **180 g Weizenmehl**
- **1 gestr. TL Backpulver**
- **100 g Zucker**
- **125 g Butter oder Margarine**

Für den Belag:
- **1½–2 kg Pflaumen**

Für den Rührteig:
- **200 g Butter oder Margarine**
- **200 g Zucker**
- **1 Pck. Vanillin-Zucker**
- **3 Eier (Größe M)**
- **200 g Weizenmehl**
- **2 gestr. TL Backpulver**

Zum Bestreuen:
- **50 g Zucker**

1 Für den Knetteig Mehl mit Backpulver mischen und in eine Rührschüssel sieben. Zucker und Butter oder Margarine hinzufügen. Die Zutaten mit Handrührgerät mit Knethaken zunächst kurz auf niedrigster, dann auf höchster Stufe gut durcharbeiten.

2 Anschließend auf der leicht bemehlten Arbeitsfläche zu einem glatten Teig verkneten. Sollte er kleben, ihn in Folie gewickelt eine Zeit lang kalt stellen.

3 Den Teig auf einem Backblech (30 x 40 cm, gefettet, mit Backpapier belegt) ausrollen. Das Backblech in den Backofen schieben.

Ober-/Unterhitze:
etwa 200 °C (vorgeheizt)
Heißluft: etwa 180 °C (vorgeheizt)
Gas: Stufe 3–4 (vorgeheizt)
Backzeit: etwa 12 Min.

4 Für den Belag Pflaumen putzen, waschen, trockenreiben, halbieren und entsteinen. Nach Beendigung der Backzeit das Backblech auf einen Kuchenrost stellen und das Gebäck darauf etwas abkühlen lassen.

5 In der Zwischenzeit für den Rührteig Butter oder Margarine mit Handrührgerät mit Rührbesen auf höchster Stufe geschmeidig rühren. Nach und nach Zucker und Vanillin-Zucker unterrühren. So lange rühren, bis eine gebundene Masse entstanden ist. Eier nach und nach unterrühren (jedes Ei etwa ½ Minute).

6 Mehl mit Backpulver mischen, sieben und portionsweise auf mittlerer Stufe unterrühren. Den Rührteig auf dem Knetteigboden verteilen. Die Pflaumen in Reihen auf dem Rührteig verteilen.

7 Das Backblech wieder in den Backofen schieben und den Kuchen **bei der oben angegebenen Backofeneinstellung noch 35–40 Minuten** backen.

8 Das Backblech auf einen Kuchenrost stellen, den Kuchen mit Zucker bestreuen und erkalten lassen.

■ **Vorbereitungstipp:**
Sie können den Kuchen bereits 1 Tag vor dem Verzehr zubereiten.

Erfrischender Stachelbeerkuchen

Zubereitungszeit: 60 Min., ohne Kühlzeit
Backzeit: 25–30 Min.

Insgesamt:
E: 101 g, F: 485 g, Kh: 873 g,
kJ: 35642, kcal: 8522

Für den Rührteig:
- 250 g Butter oder Margarine
- 200 g Zucker
- 1 Pck. Vanillin-Zucker
- 1 Pck. Finesse Geriebene Zitronenschale
- 4 Eier (Größe M)
- 250 g Weizenmehl
- 2 gestr. TL Backpulver
- 2 Gläser Stachelbeeren (Abtropfgewicht je 360 g)

Für den Belag:
- Stachelbeersaft (aus den Gläsern)
- etwa 300 ml Apfelsaft
- 1 Beutel aus 1 Pck. Götterspeise Zitronen-Geschmack
- 12 Blatt weiße Gelatine
- 150 g Zucker
- 750–800 ml Schlagsahne

Zum Garnieren:
- 1 Beutel aus 1 Pck. Götterspeise Zitronen-Geschmack
- 300 ml Apfelsaft
- 60 g Zucker

1 Für den Teig Butter oder Margarine mit Handrührgerät mit Rührbesen auf höchster Stufe geschmeidig rühren. Nach und nach Zucker, Vanillin-Zucker und Zitronenschale unterrühren. So lange rühren, bis eine gebundene Masse entstanden ist.

2 Eier nach und nach unterrühren (jedes Ei etwa 1/2 Minute). Mehl mit Backpulver mischen, sieben und portionsweise auf mittlerer Stufe unterrühren. Den Teig auf ein Backblech (30 x 40 cm, gefettet, mit Backpapier belegt) geben und glatt streichen.

3 Stachelbeeren in einem Sieb gut abtropfen lassen, dabei den Saft auffangen. Die Stachelbeeren auf dem Teig verteilen. Das Backblech in den Backofen schieben.

Ober-/Unterhitze:
etwa 180 °C (vorgeheizt)
Heißluft: etwa 160 °C (vorgeheizt)
Gas: Stufe 2–3 (vorgeheizt)
Backzeit: 25–30 Min.

4 Das Backblech auf einen Kuchenrost stellen und den Kuchen erkalten lassen.

5 Für den Belag Stachelbeersaft mit Apfelsaft auf 1 Liter auffüllen. Götterspeise mit 250 ml (1/4 l) von der Flüssigkeit in einem Topf nach Packungsanleitung anrühren und quellen lassen. Gelatine nach Packungsanleitung in kaltem Wasser einweichen.

6 Zucker zur Götterspeise geben und unter Rühren erwärmen, bis Zucker und Götterspeise gelöst sind. Gelatine ausdrücken, hinzufügen und unter Rühren auflösen. Die Götterspeise-Gelatine-Mischung unter die restliche Flüssigkeit rühren und kalt stellen.

7 Wenn die Masse anfängt zu gelieren, Sahne steif schlagen und portionsweise unterheben.

8 Einen Backrahmen um das Gebäck stellen, die Götterspeisecreme auf den Boden geben und glatt streichen. Die Torte mindestens 2–3 Stunden kalt stellen.

9 In der Zwischenzeit zum Garnieren Götterspeise mit Apfelsaft und Zucker nach Packunganleitung – aber mit den hier angegebenen Zutaten – zubereiten, in eine kalt ausgespülte, flache Schale gießen und fest werden lassen. Anschließend auf ein kalt abgespültes Brett stürzen, beliebige Motive (evtl. Blüten oder Blätter) ausstechen und auf dem Kuchen verteilen.

10 Zum Servieren den Backrahmen entfernen und den Kuchen in Stücke schneiden.

■ **Abwandlung:**
Der Kuchen bekommt eine exotische Note, wenn Sie 1/2 –1 Teelöffel gemahlenen Ingwer und 1/2 Teelöffel gemahlenen Kardamom unter den Teig rühren.

Kokosbienenstich mit Karamellcreme

Zubereitungszeit: 60 Min., ohne Teiggeh- und Kühlzeit
Backzeit: etwa 15 Min.

Insgesamt:
E: 101 g, F: 395 g, Kh: 822 g,
kJ: 30944, kcal: 7391

Für den Hefeteig:
- 375 g Weizenmehl
- 1 Pck. Trockenhefe
- 50 g Zucker
- 1 Pck. Vanillin-Zucker
- 1 Prise Salz
- 1 Ei (Größe M)
- 200 ml lauwarme Milch
- 50 g zerlassene, abgekühlte Butter oder Margarine

Für den Belag:
- 125 g Akazienhonig
- 150 g Butter
- 50 g Zucker
- 1 Pck. Vanillin-Zucker
- 5 EL Schlagsahne
- 150 g Kokosraspel

Für die Füllung:
- 3 Pck. Pudding-Pulver Karamell-Geschmack
- 125 g Zucker
- 750 ml (³/₄ l) Milch
- 250 ml (¹/₄ l) Schlagsahne

1 Für den Teig Mehl in eine Rührschüssel sieben und mit der Hefe sorgfältig vermischen. Zucker, Vanillin-Zucker, Salz, Ei, Milch und Butter oder Margarine hinzufügen.

2 Die Zutaten mit Handrührgerät mit Knethaken zunächst auf niedrigster, dann auf höchster Stufe in etwa 5 Minuten zu einem Teig verarbeiten. Den Teig zugedeckt so lange an einem warmen Ort stehen lassen, bis er sich sichtbar vergrößert hat.

3 Für den Belag Honig, Butter, Zucker, Vanillin-Zucker und Sahne in einem Topf unter Rühren langsam erhitzen und kurz aufkochen lassen. Kokosraspel unterrühren. Die Masse abkühlen lassen, dabei ab und zu umrühren.

4 Den Teig leicht mit Mehl bestäuben, aus der Schüssel nehmen, auf der leicht bemehlten Arbeitsfläche nochmals kurz durchkneten und auf einem Backblech (30 x 40 cm, gefettet, mit Backpapier belegt) oder in einer Fettfangschale ausrollen. Den Teig mehrmals mit einer Gabel einstechen und nochmals zugedeckt an einem warmen Ort etwa 15 Minuten gehen lassen.

5 Den Belag auf dem Teig verteilen. Das Backblech (die Fettfangschale) in den Backofen schieben.

Ober-/Unterhitze:
etwa 200 °C (vorgeheizt)
Heißluft: etwa 180 °C (vorgeheizt)
Gas: Stufe 3–4 (vorgeheizt)
Backzeit: etwa 15 Min.

6 Das Backblech (die Fettfangschale) auf einen Kuchenrost stellen und das Gebäck erkalten lassen.

7 Für die Füllung aus Pudding-Pulver, Zucker, Milch und Sahne nach Packungsanleitung – aber mit den hier angegebenen Zutaten – einen Pudding zubereiten, in eine Schüssel geben, mit Klarsichtfolie zudecken und erkalten lassen.

8 Den erkalteten Pudding nochmals durchrühren.

9 Das Gebäck senkrecht vierteln, von Backblech nehmen und jedes Viertel einmal waagerecht durchschneiden. Die Füllung auf den unteren Böden verteilen und glatt streichen. Die oberen Böden darauf legen und leicht andrücken. Den Bienenstich 2–3 Stunden kalt stellen.

■ Abwandlung:
Anstelle der Kokosraspel können Sie für den Belag auch dieselbe Menge gehobelte oder gehackte Haselnusskerne oder Mandeln verwenden.

Thüringer Mohnkuchen

**Zubereitungszeit: 60 Min.,
ohne Teiggeh- und
Abkühlzeit
Backzeit: 30–35 Min.**

**Insgesamt:
E: 210 g, F: 616 g, Kh: 1110 g,
kJ: 47282, kcal: 11294**

Für den Hefeteig:
- ½ Pck. (etwa 21 g) frische Hefe *(1 P. Trockenhefe)*
- 100 ml lauwarme Milch
- 65 g Zucker
- 300 g Weizenmehl
- 50 g weiche Butter oder Margarine
- 25 g weiches Butterschmalz
- 1 Prise Salz

Für die Füllung:
- 375 ml (⅜ l) Milch
- 125 g Weizengrieß
- 375 g gemahlener Mohn
- 1 Birne
- 2 Eier (Größe M)
- 200 g Butter
- 200 g Zucker
- 125 g Magerquark
- 3 EL abgezogene, gemahlene Mandeln
- 2 EL Rumrosinen
- 2 EL Rum

Für die Streusel:
- 300 g Weizenmehl
- 200 g Zucker
- 1 Pck. Vanillin-Zucker
- 200 g weiche Butter

Zum Bestäuben:
- Puderzucker

1 Für den Teig Hefe zerbröckeln, in einer kleinen Schüssel mit 2–3 Esslöffeln von der Milch und 1 Esslöffel von dem Zucker so lange verrühren, bis sie sich vollkommen gelöst hat und etwa 10 Minuten gehen lassen.

2 Mehl in eine Rührschüssel sieben. Restlichen Zucker, Butter oder Margarine, Butterschmalz, Salz, restliche Milch und verrührte Hefe hinzufügen. Die Zutaten mit Handrührgerät mit Knethaken zunächst auf niedrigster, dann auf höchster Stufe in etwa 5 Minuten zu einem Teig verarbeiten.

3 Den Teig zugedeckt an einem warmen Ort so lange stehen lassen, bis er sich sichtbar vergrößert hat (etwa 20 Minuten).

4 Für die Füllung Milch mit Grieß zum Kochen bringen. Mohn unterrühren und die Masse erkalten lassen.

5 Birne schälen, vierteln, entkernen und reiben. Eier, Butter, Zucker, Quark und Mandeln zu der kalten Mohnmasse geben und gut verrühren. Rumrosinen, Birnenraspel und Rum unterrühren.

Vorbereitungstipp:
Der Kuchen bleibt mehrere Tage saftig. Er kann auch eingefroren werden.

6 Den Teig leicht mit Mehl bestäuben, aus der Schüssel nehmen und auf der Arbeitsfläche nochmals kurz durchkneten. Den Teig in der Fettfangschale (30 x 40 cm, gefettet) ausrollen. Die Füllung darauf streichen.

7 Für die Streusel Mehl in eine Rührschüssel sieben und mit Zucker un Vanillin-Zucker mischen. Butter hinzufügen. Die Zutaten mit Handrührgerät mit Knethaken zu Streuseln von gewünschter Größe verarbeiten. Die Streusel auf der Füllung verteilen. Die Fettfangschale in den Backofen schieben.

**Ober-/Unterhitze:
180–200 °C (vorgeheizt)
Heißluft: 160–180 °C (vorgeheizt)
Gas: etwa Stufe 3 (vorgeheizt)
Backzeit: 30–35 Min.**

8 Die Fettfangschale auf einen Kuchenrost stellen und den Kuchen erkalten lassen.

9 Den Kuchen vor dem Servieren mi Puderzucker bestäuben.

Abwandlung:
Für eine Version ohne Alkohol anstelle von Rumrosinen Rosinen (nach Belieben vorher etwa 20 Minuten in 2 Esslöffeln Apfelsaft eingeweicht) verwenden und den Rum durch Apfelsaft ersetzen. Der Teig kann auch mit 1 Päckchen Trockenhefe zubereitet werden.

Apfelkuchen mit Marzipanguss

Zubereitungszeit: 65 Min.
Backzeit: etwa 45 Min.

Insgesamt:
E: 141 g, F: 370 g, Kh: 871 g,
kJ: 31860, kcal: 7602

Für den Rührteig:
- **250 g Butter oder Margarine**
- **250 g Zucker**
- **1 Pck. Vanillin-Zucker**
- **5 Eier (Größe M)**
- **150 g Weizenmehl**
- **100 g Speisestärke**
- **2 gestr. TL Backpulver**

Für den Belag:
- **1 kg Äpfel**

Für den Guss:
- **1 l Milch**
- **2 Pck. Pudding-Pulver Vanille-Geschmack**
- **75 g Zucker**
- **3 Eigelb (Größe M)**
- **200 g Marzipan-Rohmasse**
- **3 Eiweiß (Größe M)**

Zum Bestreuen:
- **50 g Hagelzucker**

1 Für den Teig Butter oder Margarine mit Handrührgerät mit Rührbesen auf höchster Stufe geschmeidig rühren. Nach und nach Zucker und Vanillin-Zucker unterrühren. So lange rühren, bis eine gebundene Masse entstanden ist. Eier nach und nach unterrühren (jedes Ei etwa $\frac{1}{2}$ Minute).

2 Mehl mit Speisestärke und Backpulver mischen, sieben und portionsweise auf mittlerer Stufe unterrühren. Einen Backrahmen auf ein Backblech (30 x 40 cm, gefettet) stellen. Den Teig hineingeben und glatt streichen.

3 Für den Belag Äpfel schälen, vierteln, entkernen und in Scheiben schneiden. Apfelscheiben dachziegelartig auf den Teig legen.

4 Für den Guss 6 Esslöffel von der Milch mit Pudding-Pulver, Zucker und Eigelb verrühren. Marzipan-Rohmasse klein schneiden.

5 Die restliche Milch mit Marzipan-Rohmasse in einem Topf unter Rühren zum Kochen bringen. Angerührtes Pudding-Pulver unter Rühren hineingeben und nochmals gut aufkochen lassen.

6 Eiweiß steif schlagen und unterheben. Die Masse auf den Apfelscheiben verteilen. Das Backblech in den Backofen schieben.

Ober-/Unterhitze:
etwa 180 °C (vorgeheizt)
Heißluft: etwa 160 °C
(nicht vorgeheizt)
Gas: Stufe 2–3 (nicht vorgeheizt)
Backzeit: etwa 45 Min.

7 Das Backblech auf einen Kuchenrost stellen und den Kuchen erkalten lassen.

8 Den Kuchen aus dem Backrahmen lösen und mit Hagelzucker bestreut servieren.

Tipp

Nach Belieben 100 g Marzipan-Rohmasse mit etwas Puderzucker verkneten und zwischen 2 Lagen Klarsichtfolie ausrollen. Aus dem Marzipan Blätter ausschneiden oder ausstechen und mit Hilfe eines Messers Blattrippen einschneiden.

Schicht-Blitzkuchen

Zubereitungszeit: 40 Min.
Backzeit: etwa 35 Min.

Insgesamt:
E: 179 g, F: 395 g, Kh: 933 g,
kJ: 34801, kcal: 8312

Für die 1. Schicht (Knetteig):
- 200 g Weizenmehl
- ½ Pck. Backpulver
- 2 EL Kakaopulver
- 100 g abgezogene, gemahlene Mandeln
- 100 g Zucker
- 1 Pck. Vanillin-Zucker
- 100 g Butter oder Margarine
- 1 Ei (Größe M)
- 4 EL Wasser

Für die 2. Schicht:
- 500 g Magerquark
- 400 g Schmand
- 175 g Zucker
- 1 Pck. Finesse Geriebene Zitronenschale
- 75 g weiche Butter oder Margarine
- 4 Eier (Größe M)
- 150–200 g Weinbeeren oder Rosinen

Für die 3. Schicht:
- 150 g Weizenmehl
- ½ Pck. Backpulver
- 1 Pck. Pudding-Pulver Vanille-Geschmack
- 200 g Zucker
- 75 ml neutrales Speiseöl, z. B. Rapsöl
- 3 EL Wasser

1 Für die erste Schicht Mehl mit Backpulver und Kakaopulver mischen und in eine Rührschüssel sieben. Mandeln, Zucker, Vanillin-Zucker, Butter oder Margarine, Ei und Wasser hinzufügen.

2 Die Zutaten mit Handrührgerät mit Knethaken zunächst kurz auf niedrigster, dann auf höchster Stufe gut durcharbeiten.

3 Anschließend auf der leicht bemehlten Arbeitsfläche zu einem Teig verkneten. Den Teig zu einer Rolle formen und in einer Fettfangschale (30 x 40 cm, gefettet) gleichmäßig ausrollen.

4 Für die zweite Schicht Quark mit Schmand, Zucker, Zitronenschale, Butter oder Margarine und Eiern mit Handrührgerät mit Rührbesen gut verrühren. Weinbeeren oder Rosinen vorsichtig unterrühren. Die Masse auf die Teigschicht geben und glatt streichen.

5 Für die dritte Schicht Mehl mit Backpulver und Pudding-Pulver mischen und in eine Rührschüssel sieben. Zucker, Öl und Wasser hinzufügen. Die Zutaten mit Handrührgerät mit Rührbesen gut verrühren und auf der zweiten Schicht verteilen. Die Fettfangschale in den Backofen schieben.

Ober-/Unterhitze:
etwa 180 °C (vorgeheizt)
Heißluft: etwa 160 °C (vorgeheizt)
Gas: Stufe 2–3 (vorgeheizt)
Backzeit: etwa 35 Min.

6 Das Backblech auf einen Kuchenrost stellen und den Kuchen erkalten lassen.

■ Abwandlung:

Wer keine Weinbeeren oder Rosinen mag, kann sie auch ersatzlos weglassen oder 1–2 Dosen gut abgetropfte Mandarinen oder etwa 500 g gewaschene, gut abgetropfte Heidelbeeren auf der ersten Schicht verteilen und dann die zweite Schicht darauf verteilen.

Nuss-Schnitten

**Zubereitungszeit: 40 Min.,
ohne Kühlzeit
Backzeit: 12–15 Min.**

**Insgesamt:
E: 111 g, F: 479 g, Kh: 309 g,
kJ: 25883, kcal: 6185**

Für den Biskuitteig:
- **6 Eier (Größe M)**
- **150 g Zucker**
- **1 Pck. Vanillin-Zucker**
- **1 Prise Salz**
- **1 geh. EL Weizenmehl**
- **1 gestr. TL Backpulver**
- **½ TL gemahlener Zimt**
- **250 g gemahlene Haselnusskerne**

Für die Füllung:
- **750 ml (³/₄ l) Schlagsahne**
- **1 TL Zucker**
- **2 Pck. Sahnesteif**
- **1 Pck. Vanillin-Zucker**
- **100 g Zartbitterschokolade**

Zum Garnieren:
- **dünne Vollmilch-Schokoladentäfelchen**
- **gehobelte Haselnusskerne**

1 Für den Teig Eier mit Handrührgerät mit Rührbesen auf höchster Stufe in 1 Minute schaumig schlagen. Zucker, Vanillin-Zucker und Salz mischen, in 1 Minute einstreuen, dann noch etwa 2 Minuten schlagen.

2 Mehl mit Backpulver und Zimt mischen, sieben, mit Haselnusskernen mischen, die Hälfte davon auf die Eiercreme geben und kurz auf niedrigster Stufe unterrühren. Den Rest des Nuss-Mehl-Gemisches auf dieselbe Weise unterarbeiten.

3 Den Teig auf ein Backblech (30 x 40 cm, gefettet, mit Backpapier belegt) streichen. An der offenen Seite des Blechs das Papier unmittelbar vor dem Teig zur Falte knicken, so dass ein Rand entsteht. Das Backblech in den Backofen schieben. Sofort backen.

**Ober-/Unterhitze:
etwa 200 °C (vorgeheizt)
Heißluft: etwa 180 °C (vorgeheizt)
Gas: Stufe 3–4 (vorgeheizt)
Backzeit: 12–15 Min.**

4 Die Gebäckplatte sofort nach dem Backen auf ein mit Zucker bestreutes Papier stürzen, das mitgebackene Backpapier mit kaltem Wasser bestreichen und vorsichtig, aber schnell abziehen. Die Gebäckplatte erkalten lassen. Die erkaltete Platte senkrecht halbieren.

5 Für die Füllung Sahne mit Zucker, Sahnesteif und Vanillin-Zucker steif schlagen. Schokolade sehr fein schneiden und unter gut die Hälfte der Sahne heben.

6 Die Schokoladensahne auf eine der Gebäckplatten streichen, die zweite Gebäckplatte darauf legen und mit gut der Hälfte der restlichen Sahne bestreichen. Auf der Oberfläche mit Hilfe eines Messers gleich große Schnitten markieren.

7 Die restliche Sahne in einen Spritzbeutel mit Sterntülle füllen und die markierten Schnitten damit verzieren. Die Schokoladentäfelchen in große Stücke brechen. Die Nuss-Schnitten mit Schokolade und Haselnusskernen garnieren und etwa 2 Stunden in den Kühlschrank stellen. Erst dann die markierten Schnitten schneiden.

Tipp
Anstelle der Zartbitterschokolade können Sie auch Raspelschokolade verwenden.

Vorbereitungstipp:
Die Schnitten können gut bereits am Vortag zubereitet werden.
Die Schnitten sind gefriergeeignet.

Oetker-Schnitte

Zubereitungszeit: 60 Min.,
ohne Kühlzeit
Backzeit: etwa 25 Min.

Insgesamt:
**E: 111 g, F: 396 g, Kh: 1088 g,
kJ: 36369, kcal: 8687**

Für den Knetteig:
- 250 g Weizenmehl
- 1 gestr. TL Backpulver
- 80 g Zucker
- 1 Pck. Vanillin-Zucker
- 1 Ei (Größe M)
- 125 g Butter oder Margarine

Für den Biskuitteig:
- 5 Eier (Größe M)
- 125 g Zucker
- 1 Pck. Finesse Geriebene Zitronenschale
- 200 g Weizenmehl
- ½ Pck. Backpulver
- 100 g zerlassene, abgekühlte Butter

Für die Füllung:
- 1 Glas (340 g) Johannisbeerkonfitüre

Für die Buttercreme:
- 1 Pck. Fruttina Zitrone (Fruchtpudding-Pulver)
- 100 g Zucker
- 375 ml (³/₈ l) Apfelsaft
- 200 g weiche Butter

- evtl. etwas Johannisbeerkonfitüre

Für den Guss:
- 1 Beutel aus 1 Pck. Götterspeise Zitronen-Geschmack
- 250 ml (¼ l) Apfelsaft
- 125 ml (⅛ l) Himbeer- oder Kirschsirup
- 40 g Zucker
- 125 ml (⅛ l) Weißwein

1 Für den Knetteig Mehl und Backpulver mischen und in eine Rührschüssel sieben. Zucker, Vanillin-Zucker, Ei und Butter oder Margarine hinzufügen. Die Zutaten mit Handrührgerät mit Knethaken zunächst kurz auf niedrigster, dann auf höchster Stufe gut durcharbeiten.

2 Anschließend auf der bemehlten Arbeitsfläche zu einem glatten Teig verkneten, sollte er kleben, ihn in Folie gewickelt eine Zeit lang kalt stellen. Den Teig auf einem Backblech (30 x 40 cm, gefettet, mit Backpapier belegt) ausrollen und mehrmals mit einer Gabel einstechen. Das Backblech in den Backofen schieben.

Ober-/Unterhitze:
etwa 200 °C (vorgeheizt)
Heißluft: etwa 180 °C (vorgeheizt)
Gas: Stufe 3–4 (vorgeheizt)
Backzeit: etwa 15 Min.

3 Das Backblech auf einen Kuchenrost stellen und den Boden erkalten lassen.

4 Für den Biskuitteig Eier mit Handrührgerät mit Rührbesen auf höchster Stufe in 1 Minute schaumig schlagen. Zucker und Zitronenschale

mischen, in 1 Minute einstreuen, dann noch etwa 2 Minuten schlagen.

5 Mehl mit Backpulver mischen, sieben, die Hälfte davon auf die Eiercreme geben und kurz auf niedrigster Stufe unterrühren. Den Rest des Mehlgemisches auf dieselbe Weise unterarbeiten. Butter unterrühren.

6 Den Teig auf ein Backblech (30 x 40 cm, gefettet, mit Backpapier belegt) streichen. An der offenen Seite des Blechs das Papier unmittelbar vor dem Teig zur Falte knicken, so dass ein Rand entsteht. Das Backblech in den Backofen schieben. Sofort backen.

Ober-/Unterhitze:
etwa 180 °C (vorgeheizt)
Heißluft: etwa 160 °C (vorgeheizt)
Gas: Stufe 2–3 (vorgeheizt)
Backzeit: etwa 10 Min.

7 Das Gebäck sofort nach dem Backen mit Hilfe eines Messers vom Rand lösen, auf ein mit Zucker bestreutes Backpapier stürzen, das mitgebackene Backpapier mit kaltem Wasser bestreichen und vorsichtig, aber schnell abziehen. Konfitüre verrühren und sofort auf die heiße Gebäckplatte streichen. Die Gebäckplatte sofort aufrollen und erkalten lassen.

8 Für die Buttercreme aus Fruttina, Zucker und Apfelsaft nach Packungsanleitung – aber mit den hier angegebenen Zutaten – einen Pudding zubereiten und erkalten lassen, dabei ab und zu umrühren.

(Fortsetzung Seite 19...)

9 Butter geschmeidig rühren und den Pudding esslöffelweise unterrühren (darauf achten, dass weder Butter noch Pudding zu kalt sind, da die Creme sonst gerinnt). Die Buttercreme auf den erkalteten Knetteigboden streichen.

10 Die Biskuitrolle in gut 1 cm dicke Scheiben schneiden und dicht an dicht auf die Buttercreme legen. Die Zwischenräume der Biskuitrolle evtl. mit Johannisbeerkonfitüre füllen.

11 Für den Guss Götterspeise mit Apfelsaft in einem Topf verrühren und etwa 5 Minuten quellen lassen. Alles unter Rühren erhitzen, bis die Götterspeise aufgelöst ist. 125 ml (1/8 l) davon abmessen, mit Himbeer- oder Kirschsirup verrühren und kalt stellen.

12 Die restliche Götterspeisen-Flüssigkeit mit Zucker und Weißwein verrühren und bei Zimmertemperatur stehen lassen.

13 Sobald die rote Götterspeise anfängt zu gelieren, sie mit Hi[lfe] eines Löffels in den Zwischenräumen d[er] Biskuitscheiben verteilen. Den Kuche[n] kalt stellen, bis die Götterspeise fest geworden ist.

14 Die gelbe Götterspeise evtl. ka[lt] stellen, bis sie anfängt zu gelieren. Sie dann auf den Biskuitscheiben verteilen und fest werden lassen.

Schokoladen-Kokos-Kuchen

Zubereitungszeit: 45 Min., ohne Kühlzeit
Backzeit: etwa 30 Min.

Insgesamt:
E: 125 g, F: 578 g, Kh: 696 g, kJ: 36612, kcal: 8748

Zum Vorbereiten:
- **200 g Kokosraspel**
- **170 g Zartbitterschokolade**
- **1 große Dose Ananasscheiben (Abtropfgewicht 510 g)**

Für den Rührteig:
- **300 g Butter oder Margarine**
- **200 g Zucker**
- **1 Pck. Vanillin-Zucker**
- **6 Eier (Größe M)**
- **300 g Weizenmehl**
- **2 gestr. TL Backpulver**

Zum Garnieren:
- **30 g Zartbitterschokolade**
- **einige Tropfen Speiseöl**

Für den Guss:
- **200 g Zartbitterschokolade**
- **100 ml Schlagsahne**

1 Zum Vorbereiten Kokosraspel in einer Pfanne ohne Fett hellbraun rösten und erkalten lassen. Schokolade reiben. Ananas in einem Sieb abtropfen lassen. 2 Scheiben in je 12 Stücke schneiden und zum Garnieren beiseite stellen. Die restlichen Ananasscheiben in kleine Stücke schneiden.

2 Für den Teig Butter oder Margarine mit Handrührgerät mit Rührbesen auf höchster Stufe geschmeidig rühren. Nach und nach Zucker und Vanillin-Zucker unterrühren. So lange rühren, bis eine gebundene Masse entstanden ist. Eier nach und nach unterrühren (jedes Ei etwa 1/2 Minute).

3 Mehl mit Backpulver mischen, sieben und portionsweise auf mittlerer Stufe unterrühren. Von den gerösteten Kokosraspeln 3 Esslöffel beiseite stellen. Die restlichen Kokosraspel mit der Schokolade unter den Teig rühren. Ananasstücke unterheben. Den Teig in eine Fettfangschale (30 x 40 cm, gefettet) geben und glatt streichen. Die Fettfangschale in den Backofen schieben.

Ober-/Unterhitze:
etwa 180 °C (vorgeheizt)
Heißluft: etwa 160 °C (vorgeheizt)
Gas: Stufe 2–3 (vorgeheizt)
Backzeit: etwa 30 Min.

4 Die Fettfangschale auf einen Kuchenrost stellen und den Kuchen erkalten lassen.

5 Zum Garnieren Schokolade in einem kleinen Topf im Wasserbad bei schwacher Hitze zu einer geschmeidigen Masse verrühren. Öl unterrühren, damit die Schokolade streichfähiger wird. Die zurückgelassenen Ananasstücke jeweils zur Hälfte in die Schokolade tauchen, auf Backpapier legen und die Schokolade fest werden lassen.

6 Für den Guss Schokolade in Stücke brechen, mit der Sahne in einem kleinen Topf im Wasserbad bei schwacher Hitze zu einer geschmeidigen Mass[e] verrühren und den erkalteten Kuchen damit bestreichen. Mit den zurückgelassenen Kokosraspeln bestreuen und mit den Schoko-Ananasstücken belegen. Den Guss fest werden lassen.

Quark-Sahne-Schnitten mit Mandarinen

Zubereitungszeit: 40 Min., ohne Kühlzeit
Backzeit: 10–15 Min.

Insgesamt:
E: 120 g, F: 147 g, Kh: 519 g, kJ: 16761, kcal: 4004

Für den Biskuitteig:
- **3 Eier (Größe M)**
- **3 EL heißes Wasser**
- **150 g Zucker**
- **1 Pck. Vanillin-Zucker**
- **100 g Weizenmehl**
- **50 g Speisestärke**
- **1 gestr. TL Backpulver**

Für die Füllung:
- **6 Blatt weiße Gelatine**
- **1 Dose Mandarinenspalten (Abtropfgewicht 235 g)**
- **500 g Magerquark**
- **150 g Zucker**
- **1 Pck. Vanillin-Zucker**
- **1 Pck. Finesse Geriebene Zitronenschale**
- **75 ml Mandarinensaft**
- **2 EL Zitronensaft**
- **400 ml Schlagsahne**

Zum Bestäuben:
- **Puderzucker**

1 Für den Teig Eier und Wasser mit Handrührgerät mit Rührbesen auf höchster Stufe in 1 Minute schaumig schlagen. Zucker mit Vanillin-Zucker mischen, in 1 Minute einstreuen, dann noch etwa 2 Minuten schlagen.

2 Mehl mit Speisestärke und Backpulver mischen, die Hälfte davon auf die Eiercreme sieben und kurz auf niedrigster Stufe unterrühren. Den Rest des Mehlgemisches auf dieselbe Weise unterarbeiten.

3 Den Teig auf ein Backblech (30 x 40 cm, gefettet, mit Backpapier belegt) streichen. Das Papier unmittelbar vor dem Teig zur Falte knicken, so dass ein Rand entsteht. Das Backblech in den Backofen schieben. Sofort backen.

Ober-/Unterhitze:
etwa 200 °C (vorgeheizt)
Heißluft: etwa 180 °C (vorgeheizt)
Gas: Stufe 3–4 (vorgeheizt)
Backzeit: 10–15 Min.

4 Die Gebäckplatte sofort nach dem Backen auf ein mit Zucker bestreutes Küchentuch stürzen, das Backpapier mit kaltem Wasser bestreichen und vorsichtig, aber schnell abziehen. Den Biskuit senkrecht halbieren und erkalten lassen.

5 Für die Füllung Gelatine in kaltem Wasser nach Packungsanleitung einweichen. Mandarinenspalten in einem Sieb abtropfen lassen, dabei den Saft auffangen und 75 ml davon abmessen.

6 Quark mit Zucker, Vanillin-Zucker, Zitronenschale, abgemessenem Mandarinensaft und Zitronensaft verrühren. Gelatine leicht ausdrücken, in einem kleinen Topf unter Rühren erwärmen (nicht kochen), bis sie völlig gelöst ist und leicht abkühlen lassen. Etwas von der Quarkmasse mit der Gelatine verrühren, die Mischung dann unter die restliche Quarkmasse rühren. Sahne steif schlagen und mit den Mandarinenspalten unterheben.

7 Die Masse auf eine der Biskuithälften streichen, mit der anderen Hälfte bedecken (die Unterseite nach oben) und leicht andrücken. Die Seiten glatt streichen. Das Gebäck etwa 2 Stunden kalt stellen.

8 Das Gebäck vor dem Servieren mit Puderzucker bestäuben und in Schnitten schneiden.

■ **Vorbereitungstipp:**
Sie können die Quark-Sahne-Schnitten gut 1 Tag vor dem Verzehr zubereiten. Das Gebäck dann erst kurz vor dem Servieren mit Puderzucker bestäuben.

■ **Abwandlung:**
Sie können anstelle des Quarks auch Dickmilch verwenden. Dann 8 Blatt Gelatine verwenden.
Die Schnitten schmecken auch lecker mit frischen Heidelbeeren, Himbeeren oder in Stücke geschnittenen Erdbeeren.

Gewürzkuchenkranz

Zubereitungszeit: 35 Min.
Backzeit: etwa 50 Min.,
ohne Abkühlzeit

Insgesamt:
E: 110 g, F: 329 g, Kh: 1048 g,
kJ: 32888, kcal: 7858

Für den Rührteig:
- **200 g gefüllte Lebkuchen-herzen (edelherb)**
- **250 g Butter oder Margarine**
- **250 g Zucker**
- **1 Pck. Vanillin-Zucker**
- **4 Eier (Größe M)**
- **500 g Weizenmehl**
- **2 gestr. TL Natron**
- **1/2 TL gemahlener Zimt**
- **3 Msp. gemahlene Nelken**
- **1 Glas (355 g) Apfelmus**

Zum Aprikotieren:
- **200 g Aprikosenkonfitüre**

Zum Tränken:
- **100 ml Orangensaft**

Für den Guss:
- **150 g Halbbitter-Kuvertüre**

Zum Garnieren:
- **evtl. einige Gelee-Orangen**
- **20 g gehobelte, geröstete Haselnusskerne**

1 Für den Teig Lebkuchenherzen fein hacken. Butter oder Margarine mit Handrührgerät mit Rührbesen auf höchster Stufe geschmeidig rühren. Nach und nach Zucker und Vanillin-Zucker unterrühren, so lange rühren, bis eine gebundene Masse entstanden ist. Eier nach und nach unterrühren (jedes Ei etwa 1/2 Minute).

2 Mehl mit Natron, Zimt und Nelken mischen, sieben und portionsweise auf mittlerer Stufe unterrühren. Apfel-mus und gehackte Lebkuchenherzen unterrühren. Den Teig in eine Springform mit Rohrboden (Ø 26 cm, gefettet) füllen und glatt streichen. Die Form auf dem Rost in den Backofen schieben.

Ober-/Unterhitze:
etwa 180 °C (vorgeheizt)
Heißluft: etwa 160 °C
(nicht vorgeheizt)
Gas: Stufe 2–3 (nicht vorgeheizt)
Backzeit: etwa 50 Min.

3 Den Kuchen nach dem Backen 10 Minuten in der Form stehen lassen.

4 Zum Aprikotieren die Konfitüre durch ein Sieb streichen und in einem Topf erhitzen.

5 Den Kuchen auf einen Kuchenrost stürzen, mit einem Schaschlikspieß dicht an dicht einstechen, sofort mit Orangensaft tränken und dick mit der heißen Konfitüre bestreichen. Den Kuchen erkalten lassen.

6 Für den Guss Kuvertüre grob zerkleinern und in einem kleinen Topf im Wasserbad bei schwacher Hitze zu einer geschmeidigen Masse verrühren.

7 Nach Belieben einige Gelee-Orangen zur Hälfte mit Guss überziehen und auf Backpapier legen. Den Kuchen mit dem restlichen Guss überziehen, sofort mit Haselnusskernen bestreuen und mit den Gelee-Orangen garnieren. Den Guss fest werden lassen.

Tipp

Der Gewürzkuchenkranz wird schön saftig, wenn Sie ihn 1–2 Tage durchziehen lassen.
Nach Belieben den Kranz anstelle von Gelee-Orangen mit gefüllten Lebkuchenherzen garnieren.

Faule-Weiber-Kuchen

**Zubereitungszeit: 25 Min.,
ohne Abkühlzeit**
Backzeit: etwa 100 Min.

Insgesamt:
**E: 145 g, F: 260 g, Kh: 466 g,
kJ: 20777, kcal: 4961**

Für den Knetteig:
- **200 g Weizenmehl**
- **1 gestr. TL Backpulver**
- **75 g Zucker**
- **125 g Butter oder Margarine**

Für die Füllung:
- **750 g Magerquark**
- **2 Eier (Größe M)**
- **150 g Zucker**
- **1 Pck. Pudding-Pulver
  Vanille-Geschmack**
- **200 g Schmand**
- **75 ml geschmacksneutrales
  Speiseöl, z. B. Rapsöl**
- **150 ml Milch
  oder Schlagsahne**

Zum Bestäuben:
- **Puderzucker**

1 Für den Teig Mehl mit Backpulver mischen und in eine Rührschüssel sieben. Zucker und Butter oder Margarine hinzufügen. Die Zutaten mit Handrührgerät mit Knethaken zunächst kurz auf niedrigster, dann auf höchster Stufe gut durcharbeiten.

2 Anschließend auf der leicht bemehlten Arbeitsfläche zu einem glatten Teig verkneten. Sollte er kleben, ihn in Folie gewickelt eine Zeit lang kalt stellen.

3 Zwei Drittel des Teiges auf dem Boden einer Springform (Ø 26 cm, gefettet, mit Backpapier belegt) ausrollen. Den Springformrand darumstellen. Den Boden mehrmals mit einer Gabel einstechen. Die Form auf dem Rost in den Backofen schieben und den Boden vorbacken.

Ober-/Unterhitze:
etwa 180 °C (vorgeheizt)
Heißluft: etwa 160 °C (vorgeheizt)
Gas: Stufe 2–3 (vorgeheizt)
Backzeit: etwa 15 Min.

4 Den Boden nach dem Backen etwa abkühlen lassen. Aus dem restliche Teig eine Rolle formen und so an die Form drücken, dass ein etwa 3 cm hohe Rand entsteht.

5 Für die Füllung Quark, Eier, Zucker, Pudding-Pulver, Schmand, Ö und Milch oder Sahne miteinander verrühren. Die Masse in die Springform füllen.

6 Die Form wieder auf dem Rost in den Backofen schieben und den Kuchen **bei der oben angegebenen Backofeneinstellung noch etwa 85 Minuten** backen.

7 Den Kuchen 10 Minuten in der Form stehen lassen, ihn dann aus der Form lösen und auf einem Kuchenrost erkalten lassen.

8 Den Kuchen vor dem Servieren mi Puderzucker bestäuben.

Tipp
Sie können nach Belieben den erkalteten Kuchen mit gut abgetropftem Obst aus der Dose belegen und das Obst mit Tortenguss überziehen.

- **Vorbereitungstipp:**
Sie können den Kuchen bereits 1 Tag vor dem Verzehr zubereiten.

Käsekuchen mit Mandarinen

**Zubereitungszeit: 45 Min.,
ohne Kühlzeit
Backzeit: etwa 60 Min.**

**Insgesamt:
E: 119 g, F: 171 g, Kh: 504 g,
kJ: 17496, kcal: 4179**

Für den Knetteig:
- **150 g Weizenmehl**
- **1 gestr. TL Backpulver**
- **100 g Zucker**
- **1 Pck. Vanillin-Zucker**
- **1 Ei (Größe M)**
- **75 g Butter oder Margarine**

Für den Belag:
- **500 g Magerquark**
- **125 g Zucker**
- **3 Eigelb (Größe M)**
- **1 Pck. Pudding-Pulver Vanille-Geschmack**
- **75 ml geschmacksneutrales Speiseöl, z. B. Rapsöl**
- **125 ml (1/8 l) Milch**
- **3 Eiweiß (Größe M)**
- **2 Dosen Mandarinen (Abtropfgewicht je 175 g)**

Für den Guss:
- **1 Pck. Tortenguss, klar**
- **250 ml (1/4 l) Mandarinensaft**

1 Für den Teig Mehl mit Backpulver mischen und in eine Rührschüssel sieben. Zucker, Vanillin-Zucker, Ei und Butter oder Margarine hinzufügen. Die Zutaten mit Handrührgerät mit Knethaken zunächst kurz auf niedrigster, dann auf höchster Stufe gut durcharbeiten.

2 Anschließend auf der leicht bemehlten Arbeitsfläche zu einem glatten Teig verkneten. Sollte er kleben, ihn in Folie gewickelt eine Zeit lang kalt stellen.

3 Zwei Drittel des Teiges auf dem Boden einer Springform (Ø 26 cm, Boden gefettet) ausrollen. Den Springformrand darumstellen. Die Form auf dem Rost in den Backofen schieben und den Boden vorbacken.

**Ober-/Unterhitze:
etwa 200 °C (vorgeheizt)
Heißluft: etwa 180 °C (vorgeheizt)
Gas: Stufe 3–4 (vorgeheizt)
Backzeit: etwa 10 Min.**

4 Die Form auf einen Kuchenrost stellen. Den Boden etwas abkühlen lassen.

5 Den restlichen Teig zu einer Rolle formen, sie als Rand auf den vorgebackenen Boden legen und so an die Form drücken, dass ein etwa 3 cm hoher Rand entsteht.

6 Für den Belag Quark mit Zucker, Eigelb, Pudding-Pulver, Öl und Milch mit Handrührgerät mit Rührbesen glatt rühren.

7 Eiweiß sehr steif schlagen und unterheben. Die Quarkmasse auf den Boden geben und glatt streichen.

8 Mandarinen in einem Sieb abtropfen lassen, den Saft dabei auffangen und 250 ml (1/4 l) davon für den Guss abmessen. Mandarinen auf der Quarkmasse verteilen. Die Form wieder auf dem Rost in den Backofen schieben.

**Ober-/Unterhitze:
etwa 160 °C (vorgeheizt)
Heißluft: etwa 140 °C
(nicht vorgeheizt)
Gas: Stufe 1–2 (nicht vorgeheizt)
Backzeit: etwa 50 Min.**

9 Die Form auf einen Kuchenrost stellen. Den Kuchen mit einem Messer vom Springformrand lösen, ihn aber in der Form erkalten lassen.

10 Für den Guss aus Tortenguss und abgemessenem Mandarinensaft nach Packungsanleitung (aber ohne Zucker) einen Guss zubereiten und auf dem Kuchen verteilen. Den Guss fest werden lassen. Den Kuchen aus der Form lösen und auf eine Tortenplatte legen.

Abwandlung:
Anstelle der Mandarinen können Sie auch Aprikosenspalten und für den Guss entsprechend Aprikosensaft verwenden.

TIPP Zusätzlich 50 g abgezogene, gehobelte Mandeln auf den Quarkbelag streuen und mitbacken.

Apfel-Pflaumen-Kuchen

auch Titelfoto
Zubereitungszeit: 40 Min.,
ohne Auftauzeit
Backzeit: etwa 30 Min.

Insgesamt:
E: 39 g, F: 246 g, Kh: 549 g,
kJ: 19560, kcal: 4680

Für den Boden:
- ■ **etwa 600 g TK-Blätterteig (13–14 Scheiben)**
- ■ **20 g zerlassene Butter**
- ■ **50 g Zartbitter-Raspelschokoklade**

Für den Belag:
- ■ **1 Glas Pflaumen (Abtropfgewicht 370 g)**
- ■ **700 g säuerliche Äpfel, z. B. Elstar**
- ■ **4 EL Zitronensaft**

Zum Bestreuen:
- ■ **75 g Zucker**
- ■ **1 Pck. Vanillin-Zucker**
- ■ **1 Msp. gemahlener Zimt**
- ■ **50 g Butter**

Zum Bestreichen:
- ■ **6 EL Aprikosenkonfitüre**
- ■ **2 EL Orangensaft oder -likör**

Zum Bestreuen:
- ■ **1–2 EL Zartbitter-Raspelschokolade**

1 Für den Boden Blätterteigscheiben nebeneinander nach Packungsanleitung auftauen lassen. Die Hälfte der Blätterteigscheiben auf der leicht bemehlten Arbeitsfläche zu einem Rechteck auslegen, dünn mit Butter bestreichen und mit Raspelschokolade bestreuen. Die übrigen Teigscheiben versetzt darauf legen.

2 Den Teig etwas größer als ein Backblech ausrollen und auf ein Backblech (30 x 40 cm, mit kaltem Wasser abgespült) legen. Den überstehenden Teig als üppigen Rand nach innen formen. Den Teigboden mehrmals mit einer Gabel einstechen.

3 Für den Belag Pflaumen in einem Sieb gut abtropfen lassen und evtl. in Spalten schneiden. Äpfel schälen, vierteln, entkernen, ebenfalls in dünne Spalten schneiden und mit Zitronensaft beträufeln.

4 Zum Bestreuen Zucker, Vanillin-Zucker und Zimt mischen und etwas davon auf den Teigboden streuen. Apfel- und Pflaumenspalten in abwechselnden Reihen dachziegelartig auf den Teig legen. Mit der restlichen Zucker-Zimt-Mischung bestreuen und mit Butterflöckchen belegen. Das Backblech in den Backofen schieben.

Ober-/Unterhitze:
etwa 240 °C (vorgeheizt)
Heißluft: etwa 220 °C (vorgeheizt)
Gas: etwa Stufe 5 (vorgeheizt)
Backzeit: etwa 30 Min.

5 Das Backblech auf einen Kuchenrost stellen. Zum Bestreichen Aprikosenkonfitüre durch ein Sieb streichen, mit Orangensaft oder -likör unter Rühren aufkochen lassen und den heißen Kuchen damit bestreichen. Den Kuchen auf dem Backblech erkalten lassen.

6 Den Kuchen vor dem Servieren mit Raspelschokolade bestreuen.

Tipp
Der Kuchen schmeckt am besten frisch.
Der Kuchen schmeckt auch mit anderen Fruchtsorten wie Birnen oder Aprikosen sehr lecker.

Pfirsich-Pudding-Kuchen

Zubereitungszeit: 40 Min.
Backzeit: etwa 60 Min.

Insgesamt:
E: 51 g, F: 278 g, Kh: 575 g,
kJ: 21536, kcal: 5149

Für den Knetteig:
- **250 g Weizenmehl**
- **2 gestr. TL Backpulver**
- **100 g Butter oder Margarine**
- **150 g Zucker**
- **1 Ei (Größe M)**

Für den Belag:
- **1 Dose Pfirsichhälften (Abtropfgewicht 480 g)**

Für den Guss:
- **1 Pck. Pudding-Pulver Vanille-Geschmack**
- **100 g Zucker**
- **600 ml Schlagsahne**

1 Für den Teig Mehl mit Backpulver mischen und in eine Rührschüssel sieben. Butter oder Margarine, Zucker und Ei hinzufügen. Die Zutaten mit Handrührgerät mit Knethaken zunächst kurz auf niedrigster, dann auf höchster Stufe gut durcharbeiten.

2 Anschließend auf der leicht bemehlten Arbeitsfläche zu einem glatten Teig verkneten. Sollte er kleben, ihn in Folie gewickelt 20–30 Minuten kalt stellen.

3 Zwei Drittel des Teiges auf dem Boden einer Springform (Ø 26 cm, Boden gefettet) ausrollen, den restlichen Teig zu einer Rolle formen, sie als Rand auf den Teigboden legen und so an die Form drücken, dass ein 2–3 cm hoher Rand entsteht.

4 Für den Belag Pfirsichhälften in einem Sieb gut abtropfen lassen, einmal durchschneiden und kranzförmig auf dem Teig verteilen. Oder die Pfirsichhälften bis auf eine in Spalten schneiden, die heile Hälfte in die Mitte legen und die Spalten dachziegelartig darum verteilen.

5 Für den Guss aus Pudding-Pulver, Zucker und Sahne nach Packungsanleitung – aber mit den hier angegebenen Zutaten – einen Pudding kochen und heiß über die Pfirsiche gießen. Die Form auf dem Rost in den Backofen schieben.

Ober-/Unterhitze:
180–200 °C (vorgeheizt)
Heißluft: 160–180 °C
(nicht vorgeheizt)
Gas: etwa Stufe 3 (nicht vorgeheizt)
Backzeit: etwa 60 Min.

6 Den Kuchen in der Form auf einer Kuchenrost erkalten lassen. Ihn dann aus der Form lösen und auf eine Tortenplatte setzen.

■ Abwandlung:

Der Kuchen schmeckt auch lecker mit Aprikosen (dann evtl. Pudding-Pulver Mandel-Geschmack verwenden) oder Stachelbeeren.

Sauerkirschkranz

Zubereitungszeit: 50 Min.,
ohne Kühlzeit
Backzeit: etwa 60 Min.

Insgesamt:
E: 125 g, F: 282 g, Kh: 1047 g,
kJ: 31949, kcal: 7629

Zum Vorbereiten:
- 1 kg Sauerkirschen
- 6 Zwiebäcke

Für den Rührteig:
- 200 g Butter oder Margarine
- 175 g Zucker
- 1 Pck. Vanillin-Zucker
- abgeriebene Schale von
  1 Zitrone (unbehandelt)
- 4 Eier (Größe M)
- 300 g Weizenmehl
- 100 g Speisestärke
- 2 gestr. TL Backpulver
- 100 g Weizengrieß
- 50 ml Schlagsahne

Für den Guss:
- 250 g gesiebter Puderzucker
- 2 EL Wasser
- 2–3 EL Kirschwasser

Zum Bestreuen:
- 100 g abgezogene, gestiftelte, geröstete Mandeln

■ Vorbereitungstipp:
Der Sauerkirschkranz hält sich gut verpackt und gekühlt aufbewahrt 3–4 Tage frisch.

1 Zum Vorbereiten Kirschen waschen, entstielen, entsteinen und gut abtropfen lassen. Zwiebäcke in einen Gefrierbeutel geben, den Beutel verschließen und die Zwiebäcke mit einer Teigrolle fein zerdrücken. Eine Kranzform (Ø 24 cm, gefettet) mit einem Teil der Zwiebackbrösel ausstreuen.

2 Für den Teig Butter oder Margarine mit Handrührgerät mit Rührbesen auf höchster Stufe geschmeidig rühren. Nach und nach Zucker, Vanillin-Zucker und Zitronenschale unterrühren. So lange rühren, bis eine gebundene Masse entstanden ist. Eier nach und nach unterrühren (jedes Ei etwa 1/2 Minute).

3 Mehl mit Speisestärke und Backpulver mischen, sieben, mit Grieß mischen und abwechselnd portionsweise mit Sahne auf mittlerer Stufe unterrühren. 1/3 des Teiges in die vorbereitete Form füllen.

4 Die Kirschen in den restlichen Zwiebackbröseln wenden, die Hälfte auf dem Teig verteilen. Die Hälfte des restlichen Teiges darauf verstreichen. Erst restliche Kirschen, dann restlichen Teig darauf schichten. Die Form auf dem Rost in den Backofen (untere Einschubleiste) schieben.

Ober-/Unterhitze:
etwa 180 °C (vorgeheizt)
Heißluft: etwa 160 °C
(nicht vorgeheizt)
Gas: Stufe 2–3 (nicht vorgeheizt)
Backzeit: etwa 60 Min.

5 Den Kuchen etwa 10 Minuten in der Form stehen lassen, ihn dann auf einen Kuchenrost stürzen und erkalten lassen.

6 Für den Guss Puderzucker mit Wasser und Kirschwasser glatt rühren und den Kuchen damit dick besprenkeln oder dünn überziehen. Die Mandeln darauf streuen und den Guss fest werden lassen.

Tipp

Wenn Kinder mitessen, können Sie das Kirschwasser für den Guss durch Zitronensaft oder Wasser ersetzen.
Der Kranz schmeckt auch lecker mit Stachelbeeren oder in Stücke geschnittenen Aprikosen anstelle von Sauerkirschen.

Kirschkuchen

Zubereitungszeit: 45 Min.
Backzeit: etwa 60 Min.

Insgesamt:
E: 63 g, F: 199 g, Kh: 372 g,
kJ: 15614, kcal: 3729

Für den Rührteig:
- 150 g Butter oder Margarine
- 150 g Zucker
- 1 Pck. Vanillin-Zucker
- 4 Eier (Größe M)
- 150 g Weizenmehl
- 1/2 gestr. TL Backpulver

Für den Belag:
- 500 g Sauerkirschen

Für den Guss:
- 1 Ei (Größe M)
- 50 g Zucker
- 125 ml (1/8 l) Schlagsahne
- 2 EL Kirschwasser

Zum Bestäuben:
- Puderzucker

1 Für den Teig Butter oder Margarine mit Handrührgerät mit Rührbesen auf höchster Stufe geschmeidig rühren. Nach und nach Zucker und Vanillin-Zucker unterrühren. So lange rühren, bis eine gebundene Masse entstanden ist. Eier nach und nach unterrühren (jedes Ei etwa 1/2 Minute).

2 Mehl mit Backpulver mischen, sieben und portionsweise auf mittlerer Stufe unterrühren. Den Teig in eine Springform (Ø 26 cm, Boden gefettet) füllen.

3 Für den Belag Sauerkirschen waschen, entstielen, gut abtropfen lassen und entsteinen. Die Kirschen gleichmäßig auf dem Teig verteilen. Die Form auf dem Rost in den Backofen schieben.

Ober-/Unterhitze:
etwa 180 °C (vorgeheizt)
Heißluft: etwa 160 °C
(nicht vorgeheizt)
Gas: Stufe 2–3 (nicht vorgeheizt)
Backzeit: etwa 45 Min.

4 In der Zwischenzeit für den Guss E mit Zucker, Sahne und Kirschwasser verschlagen. Den Guss auf dem vorgebackenen Kuchen verteilen. Die Form wieder auf dem Rost in den Backofen schieben und das Gebäck **bei der oben angegebenen Backofeneinstellung noch etwa 15 Minuten** backen.

5 Den Kuchen aus der Form lösen und auf einem Kuchenrost erkalten lassen. Vor dem Servieren mit Puderzucker bestäuben.

TIPP
Wenn Kinder mitessen, den Guss ohne Kirschwasser zubereiten. Anstelle der frischen Kirschen können Sie auch 1 Glas Sauerkirschen (Abtropfgewicht 370 g) verwenden. Die Kirschen dann sehr gut abtropfen lassen (evtl. mit Küchenpapier trockentupfen).

Vorbereitungstipp:
Den Kuchen maximal 1 Tag vor dem Verzehr backen.

Abwandlung:
Der Kuchen kann anstelle von Sauerkirschen auch mit halbierten Pflaumen zubereitet werden.

Nusskordel

**Zubereitungszeit: 40 Min.,
ohne Kühlzeit
Backzeit: etwa 30 Min.**

**Insgesamt:
E: 111 g, F: 232 g, Kh: 419 g,
kJ: 18390, kcal: 4390**

Für die Füllung:
- **100 g gehackte Haselnusskerne**
- **100 g gehackte Walnusskerne**
- **200 g Marzipan-Rohmasse**
- **400 g Äpfel**
- **2 EL Zitronensaft**

Für den Quark-Öl-Teig:
- **250 g Weizenmehl**
- **2 gestr. TL Backpulver**
- **125 g Magerquark**
- **50 ml Speiseöl**
- **50 ml Milch**
- **1 Ei (Größe M)**
- **50 g Zucker**
- **1 Pck. Vanillin-Zucker**

Zum Aprikotieren:
- **2–3 EL Aprikosenkonfitüre**

Zum Bestreuen:
- **30 g gehobelte Haselnusskerne**

1 Für die Füllung Haselnuss- und Walnusskerne in einer Pfanne ohne Fett rösten und erkalten lassen.

2 Marzipan-Rohmasse grob raspeln. Äpfel schälen, vierteln, entkernen, in kleine Würfel schneiden und mit Zitronensaft und den Nüssen mischen.

3 Für den Teig Mehl mit Backpulver mischen und in eine Rührschüssel sieben. Quark, Öl, Milch, Ei, Zucker und Vanillin-Zucker hinzufügen. Die Zutaten mit Handrührgerät mit Knethaken auf höchster Stufe in etwa 1 Minute zu einem Teig verarbeiten (nicht zu lange, Teig klebt sonst).

4 Anschließend auf der leicht bemehlten Arbeitsfläche zu einer Rolle formen und zu einem Quadrat (50 x 50 cm) ausrollen. Das Teigquadrat in der Mitte einmal durchschneiden. Die Nuss-Apfel-Mischung auf beiden Teigrechtecken verteilen, dabei am Rand jeweils 2 cm frei lassen. Marzipanraspel darüber streuen. Die Teigrechtecke der Länge nach aufrollen.

5 Die Teigrollen vorsichtig nebeneinander auf ein Backblech (30 x 40 cm, gefettet, mit Backpapier belegt) legen und wie eine Kordel umeinander drehen. Das Backblech in den Backofen schieben.

**Ober-/Unterhitze:
etwa 180 °C (vorgeheizt)
Heißluft: etwa 160 °C
(vorgeheizt)
Gas: Stufe 2–3 (vorgeheizt)
Backzeit: etwa 30 Min.**

6 Zum Aprikotieren Aprikosenkonfitüre durch ein Sieb streichen und in einem kleinen Topf unter Rühren erhitzen.

7 Das Gebäck mit dem Backpapier von dem Backblech auf einen Kuchenrost ziehen, sofort mit der Konfitüre bestreichen und mit Haselnusskernen bestreuen. Die Nusskordel auf dem Kuchenrost erkalten lassen.

TIPP
Bei Verwendung von sehr festfleischigen Äpfeln die Apfelwürfel nach Belieben kurz in einer Pfanne andünsten und erkalten lassen.

■ Vorbereitungstipp:
Die Nusskordel hält sich gut verpackt 2–3 Tage frisch.

■ Abwandlung:
Die Teigkordel vor dem Backen mit 3 Esslöffeln Milch bestreichen und mit 1 Esslöffel Zimtzucker bestreuen. Die Kordel dann nicht aprikotieren und mit Haselnusskernen bestreuen.

Herbstkuchen, sehr fein

Zubereitungszeit: 35 Min.
Backzeit: etwa 45 Min.

Insgesamt:
E: 50 g, F: 148 g, Kh: 400 g,
kJ: 13617, kcal: 3253

Für den Rührteig:
- **125 g Butter oder Margarine**
- **125 g Zucker**
- **1 Pck. Vanillin-Zucker**
- **1 Prise Salz**
- **1 Pck. Finesse Geriebene Zitronenschale**
- **3 Eier (Größe M)**
- **200 g Weizenmehl**
- **2 gestr. TL Backpulver**
- **1–2 EL Milch**

Für den Belag:
- **250 g blaue Pflaumen**
- **2 kleine Äpfel (z. B. Boskop, je etwa 125 g)**
- **2 kleine Birnen (je etwa 125 g)**
- **25 g zerlassene Butter**

Zum Bestreichen
und Bestreuen:
- **2 geh. EL Apfelgelee**
- **2 EL Hagelzucker**

1 Für den Teig Butter oder Margarine mit Handrührgerät mit Rührbesen auf höchster Stufe geschmeidig rühren. Nach und nach Zucker, Vanillin-Zucker, Salz und Zitronenschale unterrühren. So lange rühren, bis eine gebundene Masse entstanden ist. Eier nach und nach unterrühren (jedes Ei etwa $1/2$ Minute).

2 Mehl mit Backpulver mischen, sieben und abwechselnd portionsweise mit Milch unterrühren (nur so viel Milch verwenden, dass der Teig schwer reißend von einem Löffel fällt). Den Teig in eine Springform (Ø 26 cm, Boden gefettet) füllen und glatt streichen.

3 Für den Belag Pflaumen gründlich waschen, abtrocknen, halbieren und entsteinen. Äpfel und Birnen schälen, vierteln und entkernen. Die Wölbungen mit einem Messer mehrmals längs einschneiden (nicht durchschneiden).

4 Das Obst kranzförmig auf dem Kuchen verteilen und mit Butter bestreichen. Die Form auf dem Rost in den Backofen schieben.

Ober-/Unterhitze:
etwa 180 °C (vorgeheizt)
Heißluft: etwa 160 °C
(nicht vorgeheizt)
Gas: Stufe 2–3 (nicht vorgeheizt)
Backzeit: etwa 45 Min.

5 Den Kuchen aus der Form lösen und auf einen Kuchenrost geben. Apfelgelee in einem kleinen Topf unter Rühren erwärmen und den heißen Kuchen damit bestreichen. Den Kuchen auf dem Kuchenrost erkalten lassen.

6 Den Kuchen vor dem Servieren mi Hagelzucker bestreuen.

Tipp
Besonderen Pfiff bekommt der Kuchen, wenn Sie zum Bestreichen Apfelgelee mit Calvados verwenden.

■ **Abwandlung:**
Nach Belieben die Birnen durch Aprikosen ersetzen.

■ **Vorbereitungstipp:**
Sie können den Kuchen bereits 1 Tag vor dem Verzehr zubereiten.

Kapitelregister

Kapitelregister

Alphabetisches Register

Alphabetisches Register

Umwelthinweis	Dieses Buch und der Einband wurden auf chlorfrei gebleichtem Papier gedruckt. Die Einschrumpffolie – zum Schutz vor Verschmutzung – ist aus umweltfreundlichem und recyclingfähigem PE-Material.

Wenn Sie Rezeptanregungen, Vorschläge oder Fragen zu unseren Büchern haben, rufen Sie uns unter folgender Nummer an 0521/155 25 80 oder 52 06 58 oder schreiben Sie uns: Dr. Oetker Verlag KG, Am Bach 11, 33602 Bielefeld

Wir danken für die freundliche Unterstützung	allen Verbraucherinnen, die uns Rezepte zur Verfügung gestellt haben.
Copyright	© 2002 by Dr. Oetker Verlag KG, Bielefeld
Redaktion	Jasmin Gromzik, Miriam Krampitz
Titelfotos	Thomas Diercks, Hamburg
Innenfotos	Ulli Hartmann, Bielefeld Ulrich Kopp, Füssen Thomas Diercks, Hamburg Bernd Lippert, Bielefeld Hans-Joachim Schmidt, Hamburg Norbert Toelle, Bielefeld Brigitte Wegner, Bielefeld
Rezeptentwicklung und -beratung	Claudia Glünz-Wunder, Nordhorn Sabine Lange, Oetzen Annette Elges, Bielefeld Mechthild Plogmaker, Bielefeld
Grafisches Konzept **Gestaltung und Satz** **Titelgestaltung**	Björn Carstensen, Hamburg M·D·H Haselhorst, Bielefeld KonturDesign GmbH, Bielefeld
Reproduktionen **Druck und Bindung**	MOHN Media • Mohndruck GmbH, Gütersloh MOHN Media • Mohndruck GmbH, Gütersloh

Die Autoren haben dieses Buch nach bestem Wissen und Gewissen erarbeitet. Alle Rezepte, Tipps und Ratschläge sind mit Sorgfalt ausgewählt und geprüft. Eine Haftung des Verlages und seiner Beauftragten für alle erdenklichen Schäden an Personen, Sach- und Vermögensgegenständen ist ausgeschlossen.

Nachdruck, auch auszugsweise, nur mit unserer ausdrücklichen Genehmigung und mit Quellenangabe gestattet.

ISBN 3–7670–0580-8